부모님을 위한

참 다정한
스마트폰
안내서

※ 일러두기

이 표시는 손가락으로 가볍게
한 번 손을 댔다가 떼라는 의미예요.

이 표시는 손가락을 대고
떼지 말라는 의미예요.

이 표시가 있으면
스마트폰 카메라로 비춰 보세요.

(124페이지 <복권이 당첨됐는지 바로 확인해요>을 참고해 주세요.)

＊이 책에서의 설명은 안드로이드 운영체계의 삼성 스마트폰 기준입니다.

부모님을 위한
참 다정한 스마트폰 안내서
백준사(백세시대를 준비하는 사람들) 지음
초판 1쇄 발행일 2025년 1월 15일
펴낸이 이숙진 펴낸곳 (주)크레용하우스 출판등록 제1998-000024호
주소 서울 광진구 천호대로 709-9 전화 (02)3436-1711 팩스 (02)3436-1410
인스타그램 @bizn_books 이메일 crayon@crayonhouse.co.kr

＊빛은책들은 재미와 가치가 공존하는 ㈜크레용하우스의 도서 브랜드입니다.
＊KC마크는 이 제품이 공통안전기준에 적합하였음을 의미합니다.

ISBN 979-11-7121-161-6 04000

부모님을 위한

참 다정한 스마트폰 안내서

백준사(백세시대를 준비하는 사람들) 지음

빚은
책들

저는 처음에 부동산 컨텐츠로 유튜브를 시작했습니다. 지금은 운영하고 있지 않지만 큰 깨달음을 얻었는데 유튜브는 더 이상 젊은이들의 전유물이 아니라는 것이죠. 그 당시에 가장 놀랐던 점이 구독자 대부분이 중장년층이라는 사실이었습니다.

55세에서 64세까지의 구독자가 약 40%, 65세 이상 구독자가 40% 정도였으니 거의 모든 구독자가 시니어 층이었죠.

그래서 '유튜브를 보시는 중장년층에게 도움이 되는 컨텐츠를 만들어보자' 하고 생각하게 되었고 그렇게 백준사라는 채널이 탄생하게 됐습니다.

저희 어머니는 60대 초반이신데 배달 음식을 드시고 싶으면 카카오톡으로 메시지를 보내십니다. '햄버거 시켜줄 사람~' 그러면 두 딸 중에서 먼저 확인한 사람이 배달 앱으로 시켜드리죠. 그리고 자주 이런 질문도 하십니다.

"핸드폰으로 뭘 잘못 누른 것 같은데, 어떻게 다시 되돌리니?"

전화로 물어보시면 설명해드리기가 굉장히 난감합니다.

그럴 때면 제 휴대폰 화면을 녹화해서 알려드리곤 했습니다. 유튜브는 정말 잘 보시는데 그 외에는 전화, 문자, 입금 용도로밖에 사용을 못 하셨죠. 그런데 요즘은 스마트폰 기능에 관련된 제 영상을 보시고 따라 하신 후에 인증샷을 보내시곤 합니다. 그래서 백준사 유튜브를 시작하길 참 잘했다는 생각을 많이 합니다.

그러다 이번에 유튜브라는 온라인 플랫폼을 벗어나 더 많은 분들께 다양한 정보를 보여드릴 수 있는 책을 발간할 기회가 생겼습니다.

이 책은 시니어를 위한 스마트폰 활용법에 관한 내용을 담고 있습니다.

큰 줄기는 두 가지입니다.

스마트폰의 기능과 스마트폰을 일상생활에 응용하는 방법입니다.

스마트폰 기능은 기본 기능, 카메라 기능, 갤러리 기능, 카카오톡 팁, 유튜브 팁으로 구성되어 있습니다.

그리고 스마트폰으로 편의점에서 결제하거나 여행 갔을 때 스마트폰으로 외국어 번역을 하는 등의 일상생활에서의 응용편도 준비했습니다.

총 50가지 주제를 사진과 함께 설명 드리고자 합니다.

24시간 곁에 있는 스마트폰이지만 시니어 여러분이 실제로 이용하는 기능은 한정적입니다. 스마트폰 하나로 무엇이든 할 수 있는 시대가 되었지만 그 모든 기능을 적어놓은 사용설명서는 스마트폰과 함께 팔지 않죠.

각 주제 하나 하나를 따로 보아도 유용하게 구성했기 때문에 그동안 스마트폰을 이용하시는 데 불편함을 겪으셨던 분들께 도움이 될 듯합니다.

구독자님들이 '하나하나 따라하느라 시간 가는 줄 몰랐다', '눈을 밝혀주어 고맙다'라는 댓글을 달곤 하시는데 영상이 아닌 이 책을 보시는 분들도 같은 기분을 느끼셨으면 좋겠습니다. 그리고 빠르게 변화하는 세상에 시니어 여러분들이 한 발짝 더 가까워지는 계기가 되었으면 합니다.

차례

② 조금만 바꿔도 프로 같아지는 **카메라 이용 방법**

③ 예쁘고 화사하고 즐겁게, **사진 편집하는 방법**

④ 지혜롭고 편리한 **카카오톡 사용법**

⑤ 지식의 바다, **유튜브를 편리하게 검색하는 법**

⑥ 진짜진짜 도움되는 **스마트폰 추가 팁**

1

삶의 질이 올라가는

스마트폰
기본 사용법

01

모든 일은 설정부터

어머니는 스마트폰으로 사진도 찍고, 카카오톡도 하고, 유튜브도 보면서 알차게 사용하고 싶었어요.

그래서 스마트폰 사용법 동영상을 유튜브에서 어렵게 찾아서 보는데 자꾸 설정에 들어가서 무엇을 바꾸라는 이야기만 했어요.

"아니, 스마트폰을 처음 쓰는 사람한데 저렇게 말하면 어떻게 알아듣나?"

어머니는 얼마 전에 본 사진이 떠올랐어요.

가위 포장에 '포장을 가위로 자르세요'라고 표시돼 있는 사진이었어요.

'가위가 없어서 사려는데, 가위로 자르라고 하면 어떻게 하누….' 하고 생각했죠.

설정에 들어가고 싶은데 설정에 들어가야 한다는 말만 반복하는 설명서를 보고는 그냥 스마트폰의 기초 기능만 사용하다가, 나중에 딸이 오면 알려달라고 해야지 하고 어머니는 생각했어요.

어머니 잠깐!
포기하지 마세요.
이제부터 이 책을 따라하면
스마트폰 대가가 될 거예요.

휴대폰 바탕화면 가장 위에 손가락
을 대고 밑으로 쓸어내려 주세요

그러면 위에서 창이 내려옵니다.

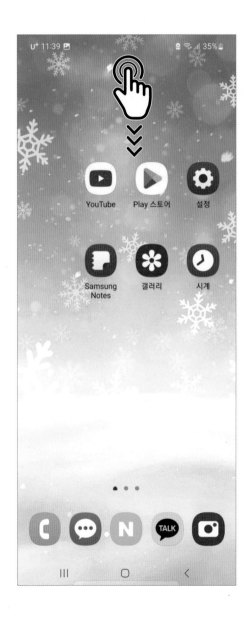

❸
오른쪽 위에 있는 톱니바퀴를 누릅
니다.

❹
설정창이 뜹니다.

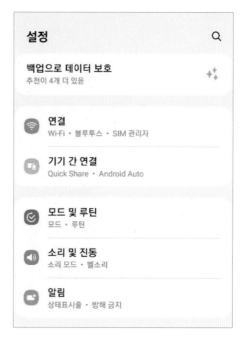

02

응? 그게 어디 있더라?

오늘은 어머니가 병원에 가는 날입니다.

"엄마, 이제부터 병원 갈 때 신분증 확인을 한다니까 휴대폰에 모바일 신분증 앱을 설치해드릴게요."

주민등록증을 따로 들고가지 않아도 된다는 말에 어머니가 신기해했습니다.

그리고 외출하고 돌아오는 길에 병원에 들렀습니다.

"신분증 주세요."

간호사가 말하자 어머니가 의기양양하게 휴대폰을 꺼냈습니다.

하지만 아침에 딸이 설치해준 앱을 열려고 하는데 도통 보이지 않습니다.

이리 누르고 저리 누르고 해보아도 어떻게 찾아서 들어가야 하는지 알 수 없었습니다.

어머니 뒤로는 진료 접수를 하려는 사람들이 줄을 서 있었고 어머니는 다급해집니다.

"신분증 안 가지고 오셨나요?"

간호사가 재촉하자 어머니는 결국 신분증을 가지러 집으로 발걸음을 돌립니다.

> **어머니 잠깐!**
> 3초면 내 휴대폰에 있는 앱을 검색할 수 있어요. 이렇게 해보세요.

❶
휴대폰 바탕화면 아무데나 손가락
을 대고 위로 쓸어올립니다.

❷
그러면 화면 위쪽에 검색창이 뜨는
데요, 검색창을 터치합니다.

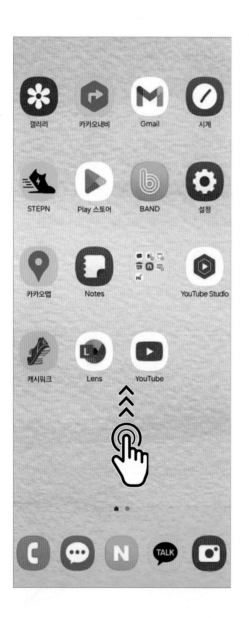

검색창에 원하는 앱을 검색하면 내가 다운받아놓은 앱을 바로 찾을 수 있습니다.

03

실수는 되돌릴 수 있어요

어머니는 새해를 맞아 주변사람들에게 인사말을 전하려고 합니다.
카카오톡으로 단체 메시지를 보내는 방법을 딸에게 배운 어머니는 카카
오톡을 열어 장문의 메시지를 적습니다.

[안녕하세요. 지난 한 해 동안 힘든 시간도 있었겠지만, 새로운 희망과
기회가 가득한 새해가 되길 바랍니다. 건강과 행복이 가득하시길 기원
합니다. 새해에는 소중한 분들과 함께 더욱 행복한 시갛…]

한 자 한 자 느리게 적어 내려가던 중 잘못 입력한 글자를 지우려다 그
만 지금까지 작성한 메시지 전부가 지워져버립니다.
"이게 왜 이래? 다 어디 갔어?"
당황한 어머니가 텅 빈 메시지 칸을 눌러보지만 사라진 글자들은 돌아
오지 않습니다.
"이십 분 동안 적은 메시지인데…."
어머니는 처음부터 다시 메시지를 입력하려고 했지만 뭐라고 적었는지
도 기억이 나지 않아 골치가 아픕니다.
결국 다음에 다시 쓰기로 하고 자리에서 일어납니다.

> **어머니 잠깐!**
> 아직 늦지 않았어요. 방금 지워진
> 메시지를 그대로 되돌릴 수 있어요.
> 이렇게 한 번 해보세요.

QR 코드를 스마트폰 카메라로 비추어
관련 영상을 시청해 보세요.

❶

메시지를 작성하다가

❷

이렇게 실수로 지워졌을 때 다시 쓰지 마시고 지워지자마자 바로 손가락 두 개를 키패드에 대고 왼쪽으로 쓸어주세요.

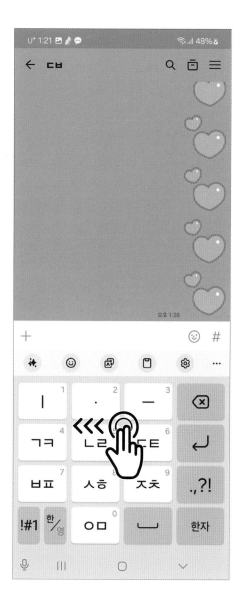

❸
그러면 방금 지워졌던 글자들이 통째로 되돌아옵니다.
한 글자가 지워졌다면 한 글자가 되돌아오고, 전부 지워졌어도 전부 복원됩니다.

❹
이어서 다시 작성하신 뒤에

❺
메시지를 보내면 돼요. 지워졌을 때
당황하지 마세요. 바로 되돌려 시간
과 노력을 아낄 수 있어요!

04

글자를 크게 크게

어머니는 오랜만에 친구들을 만나 식사를 했습니다.

즐거운 시간을 보내고 계산을 하려는데 몇몇 친구가 말했습니다.

"나 현금을 안 가지고 왔는데, 나중에 입금해줄게."

"나는 현금 가지고 왔어. 얼마 내면 돼?"

그러자 어머니가 말합니다.

"복잡하게 그러지 말고 우선 내가 카드로 결제할 테니까 다들 나한테 입금해줘."

"그래. 그게 낫겠다."

"계좌번호 좀 알려줘."

휴대폰에 메모해 둔 계좌번호를 찾으려고 어머니는 가방에서 돋보기 안경을 꺼냈습니다.

그러자 친구들이 벌써 돋보기 안경을 쓰냐며 웃었습니다.

"돋보기 없으면 화면이 잘 안보여."

어머니는 멋쩍게 대답하며 안경을 쓴 채 휴대폰에서 계좌번호를 찾았습니다.

> **어머니 잠깐!**
> 돋보기 안 써도
> 화면을 큼직하게 볼 수 있어요.
> 이렇게 해보세요.

QR 코드를 스마트폰 카메라로 비추어
관련 영상을 시청해 보세요

❶

설정으로 들어가서 디스플레이 메뉴를 눌러주세요.

❷

디스플레이에서 글자크기와 스타일이라는 메뉴로 들어갑니다.

❸
글자 굵게를 활성화시키면 굵은 글
자로 바뀌고요. 그 밑에 있는 글자
크기의 파란 점을 오른쪽으로 이동
시키면 글자가 큼직하게 바뀝니다.

❹
휴대폰 화면 자체도 크게 보고 싶다
면 뒤로가기를 누른 뒤에 디스플레
이에서 화면 크게/작게를 선택해주
세요.

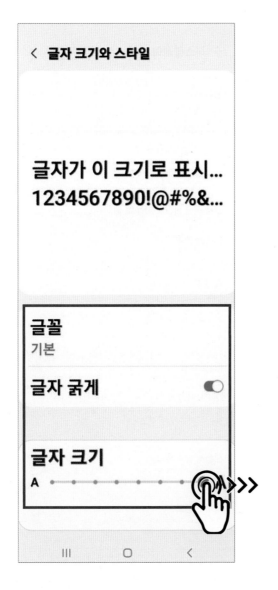

❺

그리고 가장 밑에 있는 파란색 점을 오른쪽으로 이동시키면 휴대폰 화면에 보이는 항목들을 전체적으로 확대할 수 있어요.

보기 편한 크기로 조절해서 보시면 휴대폰 화면을 보려고 돋보기 안경 꺼내지 않아도 돼요.

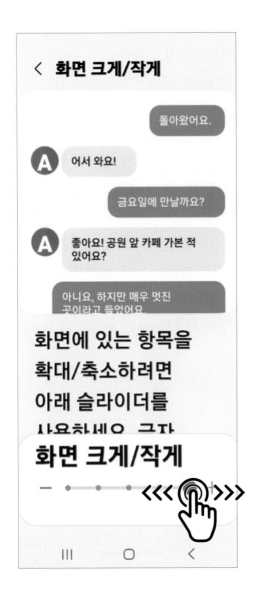

돋보기가 들어 있네?

05

어머니는 산책을 하다가 오래간만에 동창을 만났습니다. 이 동창은 이제 퇴직을 하고 작은 카페를 차렸다고 말합니다.

"정말 잘했다. 그렇게 두 번째 인생을 시작하는거지."

어머니는 정말 기뻐하며 덕담을 건넸습니다. 동창은 명함을 주며 말합니다.

"멀지 않으니까 찾아와."

명함에는 카페의 로고가 예쁘게 새겨져 있었습니다. 기쁜 마음에 명함을 챙긴 어머니는 오늘 저녁에 다른 약속을 마치고 나서 꼭 찾아가겠다고 다짐합니다.

그리고 저녁에 된 시간, 어머니는 카카오 택시를 불러서 카페를 가려고 명함을 꺼냈습니다. 그런데 주소의 글씨가 너무 작아서 눈에 보이지 않습니다. '장년을 위해 글씨를 좀 크게 새기면 안 되나?' 하고 어머니는 생각했지만, 지금은 돋보기도 들고 나오지 않아 주소를 보기 난망할 뿐입니다.

어머니는 명함을 다시 지갑에 넣고 집으로 향합니다. 나중에 주소를 확인하고 찾아가기로 합니다.

어머니 잠깐!
어머니는 이미 돋보기를
손에 들고 계세요.
이렇게 해보세요.

QR 코드를 스마트폰 카메라로 비추어
관련 영상을 시청해 보세요.

❶
설정(톱니바퀴)을 누르세요.

❷
아래쪽으로 쭉 내려보면 접근성이
라는 메뉴가 있어요.

❸
접근성을 누르고 들어가면 시인성
향상이 있습니다.

❹
시인성 향상을 누르고 쭉 내려가면
돋보기가 나옵니다.

❺
그 아래 **돋보기 바로가기**가 있습니다.

❻
돋보기 바로가기를 누르면 처음에는 사용 안 함이라고 돼 있습니다.

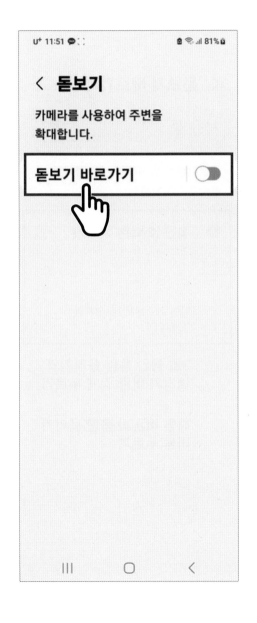

❼
사용 안 함 옆의 아이콘을 누르면 파
랗게 사용중이라고 바뀝니다.

❽
"돋보기를 바로 시작하는 데 사용할
동작을 선택해 주세요"는 3가지 중
한 가지를 선택합니다. 전 접근성 버
튼 누르기를 선택했습니다.

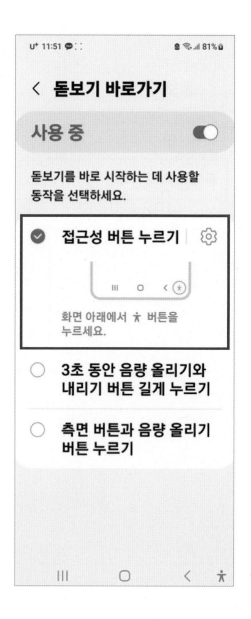

❾ 이제부터 휴대전화 오른쪽 아래 사람 모양 아이콘이 생깁니다.

❿ 사람 모양 아이콘을 누르면 돋보기가 켜집니다.

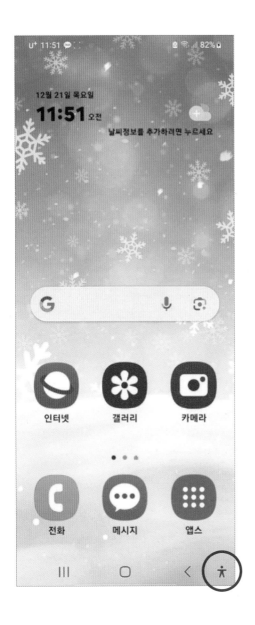

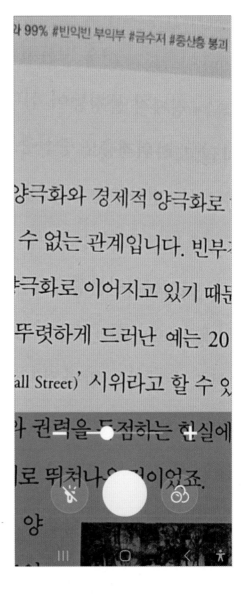

⑪
＋, － 버튼을 누르면 화면이 더 확대
됩니다. 편한 크기로 조절하세요.

⑫
왼쪽에 라이트도 있습니다. 어두울
때 사용하시면 되겠습니다.

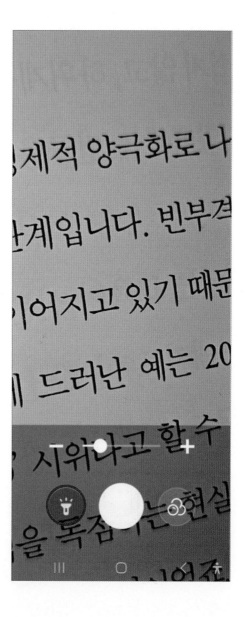

⑬ 오른쪽 동그라미가 3개 몰려 있는 버튼을 누르면 색상을 조절할 수 있습니다.

⑭ 돋보기로 보시다가 중요한 부분은 가운데 버튼을 눌러 촬영하세요.

화살표가 아래 방향으로 있는 버튼을
누르면 사진이 앨범에 저장됩니다

돋보기가 갑자기 필요할 때 이 방법을
사용하면 불편함이 사라질 거예요.

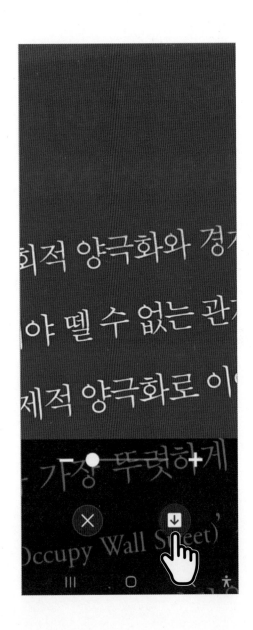

06

와이파이는 이렇게 연결해요

어머니는 친구 집에 방문했습니다.

차를 마시며 대화를 나누던 중 딸에게서 카톡 메시지가 도착합니다.

"손녀딸 동영상을 보냈네."

영상을 확인하려던 어머니는 멈칫했습니다.

와이파이 없이 동영상을 확인하면 요금이 많이 나오기 때문입니다.

"와이파이 비밀번호가 뭐야?"

어머니가 친구에게 묻자 친구가 자신의 휴대폰을 내려다보며 고개를 갸우뚱 합니다.

"비밀번호를 모르겠네. 하도 오래전에 연결해 놓은 거라서."

어머니의 친구가 아들에게 전화를 걸어 물어보니 TV 뒤에 비밀번호가 적혀 있다고 대답합니다.

어머니와 친구는 큰 TV 뒤로 낑낑대며 들어가봅니다.

셋톱박스에 와이파이 비밀번호가 적혀 있는 것 같은데 잘 보이지 않습니다.

어머니는 결국 와이파이 비밀번호를 알아내지 못합니다.

"얼른 집에 가서 확인해 봐야겠다."

어머니는 집으로 돌아가려고 가방을 챙깁니다.

QR 코드를 스마트폰 카메라로 비추어
관련 영상을 시청해 보세요.

> **어머니 잠깐!**
> 어렵게 와이파이 비밀번호 찾지 마세요.
> 친구 휴대폰에 와이파이가 연결돼
> 있다면 비밀번호를 몰라도
> 연결할 수 있어요.

❶ 와이파이에 연결돼 있는 친구의 휴
대폰 화면 위에 손가락을 대고 밑으
로 쓸어내리면 알림창이 내려옵니다.
첫 번째 와이파이 모양 버튼을 손가
락으로 길게 꾹 눌러주세요..

❷ 와이파이 설정 화면이 나오는데 밑에
있는 상세설정 버튼을 눌러주세요.

❸

현재 사용중으로 활성화되어 있고
밑에 연결돼 있는 와이파이 이름이
뜹니다.
오른쪽에 있는 톱니바퀴 모양을 눌
러주세요.

❹

연결돼 있는 와이파이 정보 밑에
QR 코드 라는 버튼을 눌러주세요.

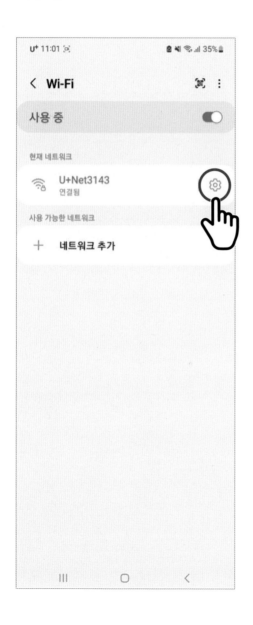

❺
와이파이 QR코드가 생성되는데 비밀번호 역할을 하게 됩니다.
비밀번호를 입력하는 대신 이 QR코드를 찍으면 누구든 이 와이파이에 접속할 수 있습니다.

밑에 있는 '이미지로 저장' 버튼을 눌러서 갤러리에 저장해두시면 쉽게 열어볼 수 있습니다.

❻
와이파이에 연결할 어머니의 휴대
폰을 켜서 카메라 앱을 열어주세요

❼
카메라에 생성된 QR코드를 비춰주
세요.
그러면 노란색 글자가 뜨는데 그 글
자를 누르면 됩니다.

❽

바로 같은 와이파이에 연결이 되죠.

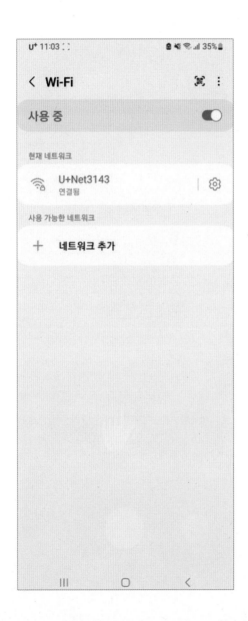

배터리를 나눠 쓸 수 있다고?

어머니는 딸과 함께 가까운 산에 올랐습니다.

오랜만에 상쾌한 공기를 마시고 운동도 하니 어머니는 기분이 좋습니다.

산 꼭대기 위에서 내려다보이는 풍경이 정말 아름다웠습니다.

"이거 찍어서 친구들한테 보내줘야겠다."

그리고 카메라를 켰는데 배터리가 5%밖에 남아 있지 않았습니다.

배터리가 없어서 화면도 어두웠고 무엇보다도 카메라가 실행되지 않았습니다.

아름다운 풍경을 영상이나 사진으로 남기고 싶었는데 너무 아쉬웠습니다.

그러자 딸이 말했습니다.

"제가 대신 찍어서 보내드릴게요."

직접 이것저것 찍고 싶었던 어머니는 할 수 없이 배터리가 없는 휴대폰을 다시 주머니에 넣었습니다.

산 꼭대기에서 휴대폰을 충전할 수는 없으니 말이죠.

> **어머니 잠깐!**
> 급한 상황에서
> 옆에 누군가 있다면 선 없이
> 배터리 공유를 할 수 있습니다.
> 이렇게 해보세요.

QR 코드를 스마트폰 카메라로 비추어
관련 영상을 시청해 보세요.

❶
주는 사람은 배터리가 충분해야 합니다.
줄 사람의 휴대폰을 열고 알림창에서 톱니바퀴를 눌러서 설정으로 들어갑니다.

❷
설정에서 디바이스 케어라는 메뉴로 들어갑니다.

❸
이런 화면이 뜨면 메뉴 중 위쪽에 있
는 배터리를 눌러주세요.

❹
밑으로 조금 내려보면 무선 배터리
공유라는 메뉴가 있습니다. 눌러주
세요.

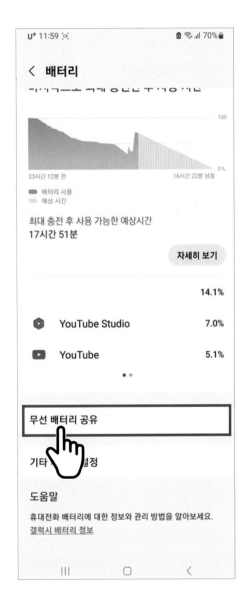

❺
평소엔 이렇게 '사용 안 함'으로 비활성화가 되어 있습니다.

❻
터치를 하면 이렇게 '사용 중'으로 바뀝니다. 이제 배터리를 줄 사람은 준비가 완료됐습니다.

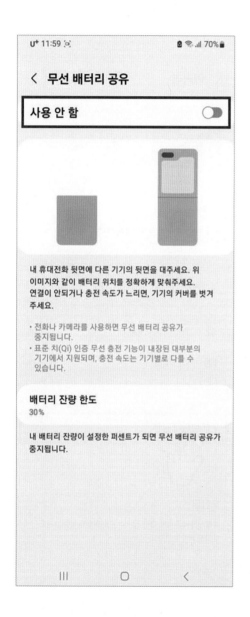

7

배터리를 공유 받을 사람은 다른 준
비는 필요 없고 이렇게 서로 뒷면을
맞대면 됩니다. 다만 충전 속도는 빠
르지 않고 주는 사람은 충분한 배터
리가 있어야 하기 때문에 비상시에
사용하시면 좋은 꿀팁입니다.

08

은근히 쓸 데 많은 줄자

어머니는 백화점에서 무척 마음에 드는 서랍장을 발견합니다.

"옷장 옆에 두면 딱 좋겠는데."

마침 서랍장을 두면 좋을 만한 공간이 있었습니다. 그런데 사이즈가 조금 마음에 걸렸습니다. 눈짐작으로는 폭이 딱 맞을 것 같은데 여유 공간이 없어 보였습니다.

"집에 가서 폭을 좀 재보고 올게요."

집으로 돌아온 어머니는 줄자를 찾아보지만 보이지 않습니다.

할 수 없이 팔을 벌려서도 재보고 보폭으로도 재보지만 정확하지 않을 것 같아서 고개를 갸우뚱 합니다.

"에구, 줄자를 사와야겠네."

어머니는 줄자를 사려고 다시 집을 나섭니다.

> **어머니 잠깐!**
> 어머니 아직 나가지 마세요!
> 휴대폰 안에도 줄자가 있습니다.
> 이렇게 해보세요.

QR 코드를 스마트폰 카메라로 비추어
관련 영상을 시청해 보세요.

❶
휴대폰 기본 카메라 앱을 켜주세요.

❷
카메라 앱이 켜지면 밑에 보이는 메
뉴 중 오른쪽에 있는 더보기를 눌러
줍니다.

❸
이런 화면이 뜨면 가장 상단 오른쪽
에 보이는 **AR 존**을 터치합니다.

❹
AR 존인데요. 밑에 줄자모양의 간편
측정을 누릅니다.

❺

카메라를 움직여 보세요라는 메시지가 뜨면 카메라로 주변을 비춰주세요. 휴대폰과 주변과의 거리, 사물들의 크기 등을 측정해서 기준을 잡는 과정입니다.

❻

길이를 측정할 물체, 공간 등에 카메라를 비춥니다. 그러면 휴대폰과 물체 간의 거리가 측정되어 뜹니다. 그리고 이제 물체의 양 끝 지점을 찍어줄건데요.

이렇게 한쪽 지점에 점을 맞춘 뒤에
밑에 있는 플러스 버튼을 눌러주세요

그러면 시작 지점을 추가했어요라
는 메시지가 뜨는데요, 이번엔 반대
쪽 끝에 점을 맞춰주세요.
그 다음에 다시 밑에 있는 플러스 버
튼을 누르면 길이가 측정됩니다.
10cm네요.

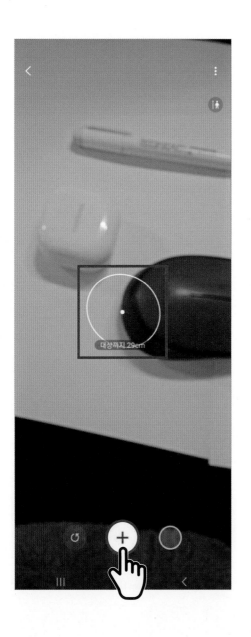

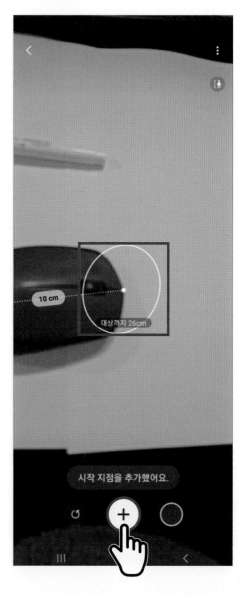

❾
이 기능을 이용해서 방 크기를 잴 수
도 있고 사진처럼 키를 잴 수도 있죠.

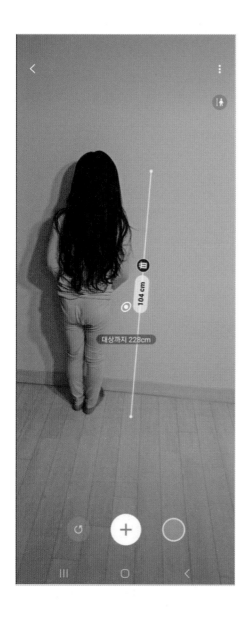

화면을 손쉽게 캡처 해요

"계좌번호 좀 불러줘."

어머니는 친구와 통화 중입니다. 모인 회비를 어머니 통장에 받기로 해서 친구가 계좌번호를 불러달라고 합니다.

어머니는 은행 앱을 열어서 계좌번호를 불러주려 합니다.

"○○은행 123…."

어머니는 거기까지 말하고 다시 화면을 봅니다.

"45…."

또 말하고는 스마트폰에서 귀를 떼고 다시 화면을 봅니다.

그러자 친구가 답답한지 이야기합니다.

"그냥 계좌번호를 화면 캡처해서 나한테 좀 보내줘."

"응. 알았어."

어머니는 화면을 캡처해보려 합니다. 이전에 다른 사람이 하는 걸 본 적이 있어서 화면 앞에 손을 대고 이렇게 해보고, 저렇게도 해봅니다. 그래도 아무 일이 안 일어납니다.

"그냥 불러줄게. 어디까지 불렀지?"

"나도 잊어버렸지. 처음부터 다시 불러줘."

어머니는 처음부터 다시 계좌번호를 부릅니다.

"○○은행 123…."

QR 코드를 스마트폰 카메라로 비추어
관련 영상을 시청해 보세요.

> **어머니 잠깐!**
> 화면을 캡처하는 쉬운 방법이
> 있어요. 편한 방법을
> 선택하세요.

손날 캡처

손날을 세운 뒤에 화면 오른쪽에서부터 왼쪽 방향으로 쓸고 지나가면 캡처가 됩니다. 가장 기본적인 캡처 방법입니다.

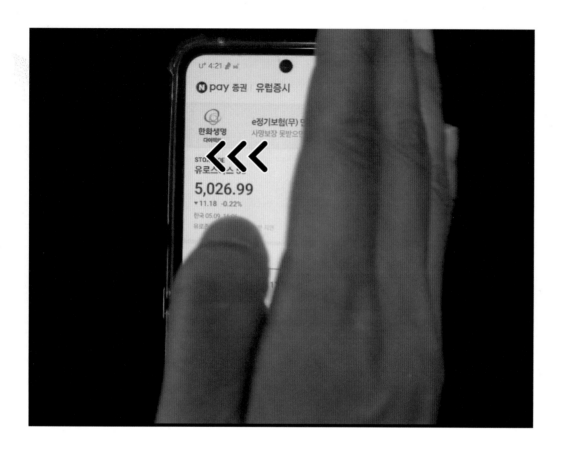

측면 버튼 캡쳐

휴대폰 오른쪽에 있는 볼륨을 내리는 버튼과 전원버튼을 동시에 누르면 캡쳐가 됩니다.

10

빅스비가 도와줄 거예요

어머니는 오랜만에 친구들을 집에 초대했습니다.

"음식 솜씨 좀 발휘해봐."

친구들이 하는 말에 어머니는 아침부터 분주히 장을 봐오고 요리할 준비를 합니다.

여러 가지 요리를 한번에 하느라 정신이 없어서 어머니는 휴대폰을 켰습니다.

"알람을 하나씩 맞춰 놓으면 되겠다."

알람 세 개를 맞춘 뒤에 설거지를 하고 있는데 가스불 끌 시간이 됐는지 알람이 울립니다.

고무장갑을 벗고 알람을 끄자 곧이어 두 번째 알람이 울립니다.

"아이 귀찮아."

다시 힘들게 고무장갑을 벗으려는데 손이 젖어서인지 쉽사리 벗겨지지 않았습니다.

뒤이어 울리는 세 번째 알람에 정신이 없어집니다.

장갑을 낀 채로 휴대폰을 눌러보지만 휴대폰 위로 물만 뚝뚝 떨어지고 터치가 되질 않았습니다.

어머니 잠깐!
손대지 않고도 말로 알람을
설정하거나 끌 수 있어요.
이렇게 해보세요.

QR 코드를 스마트폰 카메라로 비추어
관련 영상을 시청해 보세요.

55

❶

바탕화면 빈 곳에 손가락을 대고 위로 쓸어 올려주세요.

❷

위에 검색창이 뜨면 빅스비라고 검색합니다.
검색 결과 설정 칸을 보면 빅스비가 뜨는데요, 터치를 해서 들어가주세요

유용한 기능 창이 뜨는데 이곳에서
다시 빅스비를 눌러주세요.

밑에 잠금 상태에서 사용을 터치해
서 활성화해준 다음에 빅스비 호출
을 눌러주세요.

❺
가장 상단을 터치해서 사용 중으로
바꿔주시면 음성으로 빅스비를 호
출할 수 있습니다.
하이 빅스비 또는 빅스비 둘 중 하나
를 선택해주세요.

❻
그리고 나서 선택하신 호출어를 부
르면 아래에 빅스비 창이 켜집니다.
이때 원하는 명령을 하시면 됩니다.

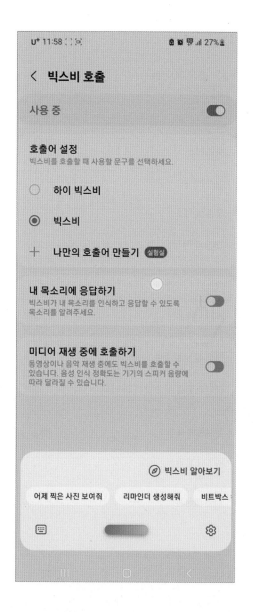

❼ 예를 들어 "오늘 오후 5시로 알람 맞
춰줘"라고 말하면 해당 시간에 알람
을 자동으로 설정해주고요,

❽ 알람이 울렸을 때 "빅스비, 알람 꺼
줘"라고 말하면

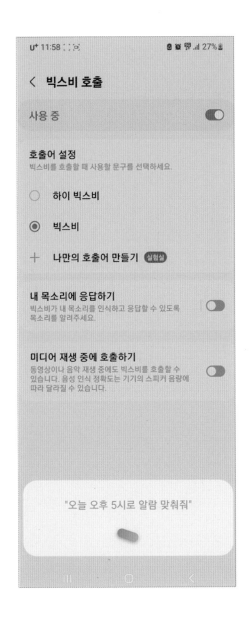

❾ 빅스비가 알람을 끕니다. 손을 대지 않고 이렇게 음성만으로도 가능한 일입니다.

❿ 여러 가지 방법으로 활용할 수 있는데요, "내일 오후 2시에 병원 검사 일정 추가해줘"라고 말하면

⑪
이렇게 일정을 저장하고 지정된 날짜와 시간에 일정을 알려주죠.

⑫
그리고 "빅스비, 캡쳐"라고 말하면 손을 대지 않고도 캡처할 수 있습니다.
이 외에도 무엇이든 요청해보세요.

11

아무리 긴 글도 한 번에 입력해요

어머니가 시골에 사는 친구의 집에 방문했습니다.

함께 집에서 점심식사를 하는데 김치가 정말 맛있어서 어머니가 친구에게 물었습니다.

"직접 담근 김치야?"

"우리 올케가 김치가게를 해. 맛있지?"

어머니가 김치를 사고 싶다고 하자 친구가 대답했습니다.

"내가 주문해줄게. 주소 좀 찍어줘. 영수증은 이메일로 보내줄게. 이메일 주소도 같이 보내줘."

카카오톡 메시지로 보내달라는 친구의 말에 휴대폰을 꺼내 메시지를 입력하는데 긴 주소를 입력하려니 자꾸 오타가 났습니다. 겨우 주소를 입력하고 이메일 주소를 적고 있는데 친구가 자꾸 재촉합니다.

"얼른 보내줘봐."

"그럼 그냥 메모지를 줘. 손으로 적어줄게!"

친구는 그럼 자신이 다시 옮겨서 입력해야 한다고 불평하며 메모지와 펜을 가지고 왔습니다. 어머니는 휴대폰을 껐습니다.

> **어머니 잠깐!**
> 아무리 긴 문장이라도
> 3초 만에 입력할 수 있어요.
> 따라해보세요.

QR 코드를 스마트폰 카메라로 비추어
관련 영상을 시청해 보세요.

❶
바탕화면 빈 곳에 손가락을 대고 위로 쓸어 올려주세요.

❷
그러면 상단에 검색창이 뜨는데요. 이곳에 문구 추천이라고 검색하면 검색결과 설정 칸 밑에 문구 추천이라는 메뉴가 뜹니다.
눌러주세요.

❸
삼성 키보드 창이 뜨는데요. 여기에
서 **문구 추천**메뉴로 들어가주세요.

❹
'사용 안 함'으로 되어 있다면 사용
중으로 활성화해주세요.

❺
뒤로 가기를 누른 뒤에 이번에는 밑에
있는 **단축어** 메뉴로 들어가 주세요

❻
이런 화면이 뜨면 오른쪽 위에 있는
플러스 버튼(+)을 눌러주세요.

❼
단축어에 적은 단어를 입력하면 전체 문구에 적은 문구가 자동으로 입력이 됩니다.

❽
예를 들어 단축어에 주소라고 적고요. 전체 문구에는 주소를 길게 입력하고 추가합니다. 그러면 앞으로는 주소라고만 적어도 '강동구 아리수로길11길 삼성아파트 111동 111호'라고 적히게 되는거죠.

❾
이렇게 단축어에 주소가 추가됐습니다. 단축어 입력이 되는지 한번 해보겠습니다.

❿
카카오톡이나 문자, 어디서든 키보드를 이용할 때 쓸 수 있습니다.
주소라고 입력했더니 문구 추천 칸첫 번째에 주소가 보이네요. 이걸 터치해주세요.

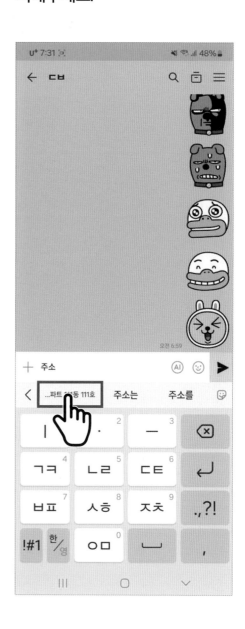

⓫
주소라는 단어 대신에 아까 입력했
던 문구가 들어갑니다.
아무리 긴 문장도 이렇게 입력해두
면 빠르게 쓸 수 있죠.

⓬
이메일도 마찬가지로 단축어에 '메일'
이라고 적고 전체 문구에 '본인의 이
메일 주소'를 적으면 '메일'이라고 입
력했을 때 밑에 이메일 주소가 뜨죠.

⓭

터치를 해주시면 이렇게 간단하게
이메일 주소를 입력합니다.

⓮

초성만으로도 단축어 설정을 할 수
있습니다. 계좌는 ㄱㅈ 만으로 단축
어를 설정했는데요. 훨씬 빠르게 입
력할 수 있겠죠.

⑮

3초도 걸리지 않아서 원하는 문구를
입력했습니다. 자주 사용하는 문구를
저장해두시면 시간과 노력을 아낄 수
있습니다.

12

시계가 한눈에 들어와요

어느 날 어머니는 목욕탕에 가서 손목시계를 풀어 두었다가 잃어버리고 말았습니다.

항상 시간을 확인하는 습관이 있어서 손목시계를 다시 구매하기로 합니다.

"요즘엔 다들 스마트워치를 써요."

손자의 말에 어머니가 대답했습니다.

"그런 거 사용할 줄 몰라. 그리고 나는 시간만 보면 되니까."

"그러면 핸드폰으로 확인하시면 되잖아요? 손목시계는 불편하지 않아요?"

손자가 말하자 어머니가 고개를 저었습니다.

"불편하긴 해도 어쩔 수 없어. 휴대폰 시계는 글씨가 너무 작아서 보여야 말이지. 답답해서 그냥 손목시계 차고 다닌다."

손자는 휴대폰을 보려면 돋보기 안경부터 꺼내는 할머니를 보며 고개를 끄덕였습니다.

어머니는 손목시계를 구매하러 밖을 나섭니다.

어머니 잠깐!
휴대폰 화면을 두 번만 터치하면 잠금 화면에서 시계를 큼직하게 볼 수 있어요. 이렇게 설정해보세요.

QR 코드를 스마트폰 카메라로 비추어 관련 영상을 시청해 보세요.

❶
설정으로 들어갑니다.
그리고 배경화면 및 스타일이라는
메뉴로 들어가주세요.

❷
휴대폰 잠금 화면과 홈화면을 바꿀
수 있는 창이 뜨는데요.
왼쪽에 보이는 잠금 화면을 손가락
으로 터치해주세요.

❸
그러면 잠금 화면을 편집할 수 있는 화면이 뜹니다. 여기에서 시계 부분을 손가락으로 터치해주세요.

❹
시계 디자인을 바꿀 수 있는데 원하는 시계를 선택해주세요. 저는 두 번째 시계가 가장 크게 보이는 것 같아요! 시계 모서리에 생긴 작은 점에 손가락을 대고 바깥 방향으로 늘려주세요.

❺

그러면 시계가 이렇게 확대됩니다.
가장 크게 설정하고 오른쪽 위에 있
는 **완료**를 눌러주세요.

❻

이제 잠금 화면의 시계를 크게 볼 수
있습니다.

13

언제 버스를 타면 될지 알려줘요

어머니는 오전 10시에 친구와 신도림역 앞에서 만나기로 했습니다.

그런데 아침 일찍 준비해서 나가려던 계획과는 다르게 늦잠을 자고 말았습니다.

집에서 신도림역까지는 버스를 타고 20분 거리이기 때문에 넉넉히 4, 50분 전에는 집을 나설 생각이었습니다.

"어머나! 이러다 늦겠네."

시계를 보니 벌써 오전 9시 20분이었습니다.

버스 정류장은 집에서 5분 거리이기 때문에 아직 시간이 조금 있지만 버스가 언제 올지 모르는 어머니는 아직 말리지 못한 머리를 만지며 고민합니다.

친구와의 약속시간을 늦출까 싶어 연락해보지만 벌써 출발했다는 친구의 메시지에 어머니는 머리가 젖은 채 나가기로 합니다.

> 어머니 잠깐!
> 아직 시간이 있어요. 머리 말리고 가세요!
> 버스는 20분 뒤에 도착해요.
> 휴대폰으로 이렇게 확인해보세요.

QR 코드를 스마트폰 카메라로 비추어
관련 영상을 시청해 보세요.

❶
플레이스토어에 들어가주세요. 플레
이스토어를 찾지 못한다면 바탕화면
에서 검색창을 불러와서 플레이스토
어를 검색하시면 됩니다.

❷
카카오맵을 검색해서 앱을 다운받
아주세요.

❸
앱을 설치했다면 다시 바탕화면으로 나와서 화면 빈 곳에다 손가락을 대고 길게 꾹 눌러주세요.

❹
그러면 이런 화면이 나옵니다. 이 때 밑에 있는 위젯 버튼을 눌러주세요.

❺

바탕화면에 놓을 수 있는 앱을 선택
할 수 있는 창입니다.
한 손가락으로 쓸어올려 아래 내용
을 보세요.

❻

그러면 이곳에 아까 설치한 카카오
맵이 있습니다. 눌러주세요.

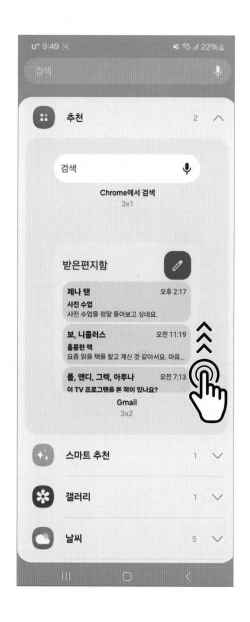

그러면 버스, 지하철 위젯을 선택할
수 있습니다. 우선 버스 도착 시간을
알려주는 위젯을 설정해볼 게요. 파
란 버스 사진을 눌러주세요.

 버스 번호나 정류장 이름을 검색할
수 있습니다.

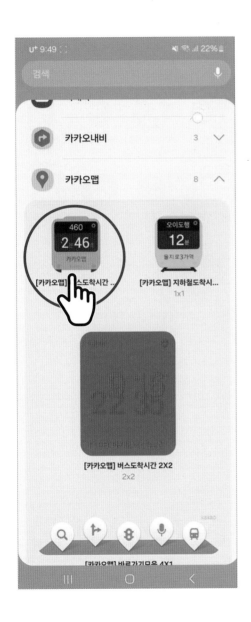

❾

예를 들어 신도림으로 검색하면 신도림의 버스정류장 이름이 뜨죠.
여기에서 원하는 정류장을 누르고 버스 번호까지 지정해줍니다.

❿

그러면 바탕화면에 이렇게 버스가 만들어집니다.
버스 안을 보면 얼마 뒤에 해당 버스가 도착하는지 시간이 표시돼요.

⑪

같은 방법으로 위젯을 여러 개 꺼내
놓을 수 있고요, 그 다음 버스가 언
제 오는지도 볼 수 있습니다.
이용하는 버스가 언제 오는지 수시
로 쉽게 확인할 수 있죠.

⑫

지하철은 오른쪽에 있는 초록색 열
차 사진을 누르시면 돼요.

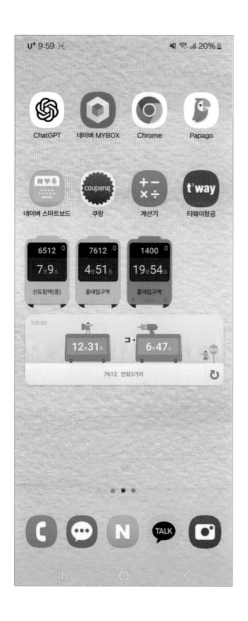

⑬
마찬가지로 이렇게 역 이름을 검색
해 주시고요,

⑭
그러면 지하철도 몇 분 뒤에 도착하
는지 알 수 있습니다.

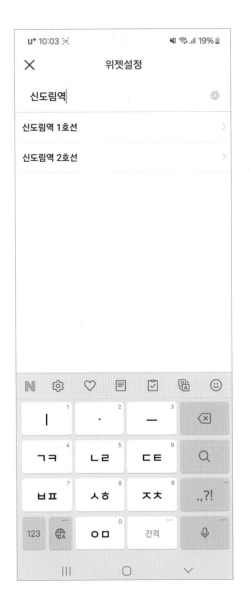

⓯
다음 지하철도 언제 도착할지 볼 수
있죠. 집에서 미리 확인하시면 버스
나 지하철이 언제 올지 몰라 답답해
하실 필요 없겠죠.

유튜브 보면서 메시지 보내볼까?

　어머니는 요즘 백준사 유튜브에 빠져 있습니다. 예전 영상부터 하나하나 보느라 시간 가는 줄 몰랐습니다.

　오늘도 식사를 마치고 소파에 앉아 백준사 유튜브를 보고 있었습니다.

　그때 카톡이 울립니다. 유튜브 창을 끄고 카카오톡 메시지를 확인하고 답장을 보냅니다. 그리고 다시 유튜브를 보고 있는데 또 카톡 메시지가 왔습니다.

　"재밌게 보고 있는데 왜 자꾸 연락이 와."

　자꾸 껐다 켰다 하기 번거로워서 메시지 확인을 하지 않고 있자 계속 메시지가 옵니다. 할 수 없이 유튜브 창을 끄고 메시지를 보니 모임 채팅방에서 회의가 한창이었죠.

　야유회 일정을 짜는 중요한 회의이기 때문에 대화에 참여하지 않을 수 없던 어머니는 유튜브 영상을 껐습니다. 대화는 30분 넘게 이어졌고 결론이 나지 않았지만 대화창을 끌 수는 없었습니다.

　백준사 유튜브도 마저 보고 싶었던 어머니는 유튜브 창과 대화창을 왔다 갔다 합니다. 그러니까 영상도 집중이 안 되고 대화에도 집중이 안 됐습니다.

　"에휴, 나중에 봐야겠다."

　어머니는 어쩔 수 없이 유튜브를 꺼버렸습니다.

QR 코드를 스마트폰 카메라로 비추어
관련 영상을 시청해 보세요.

> **어머니 잠깐!**
> 백준사 유튜브 시청하면서
> 대화 나누세요!
> 이렇게 해보세요.

❶
시청하던 유튜브를 작은 창으로 만
들어 띄워줄 거예요.
휴대폰 가장 밑에 홈버튼 왼쪽을 보
시면 줄 세 개 버튼이 있어요. 이걸
눌러주세요.

❷
그러면 현재 실행되고 있는 앱들이
뜨는데요, 이때 유튜브 모양의 아이
콘을 터치해주세요.

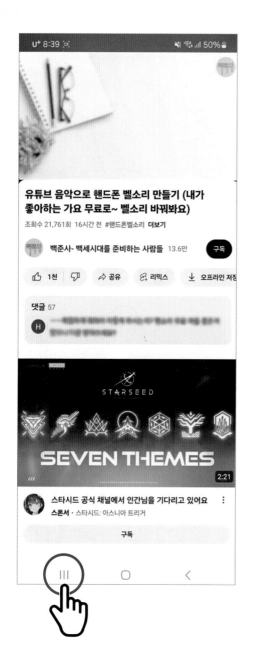

그러면 뜨는 작은 창에서 팝업 화면
으로 열기라는 메뉴를 눌러주세요.

이렇게 유튜브 창이 작은 팝업창으
로 뜨게 됩니다. 위에 있는 파란 바
를 터치한 상태로 옮기면,

❺

위치를 이동할 수도 있습니다.

❻

다른 앱을 실행해도 팝업창은 가장
위에 떠 있게 되죠.

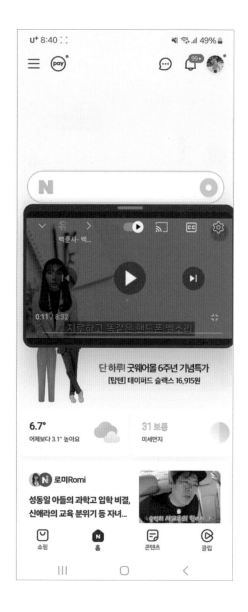

❼
카카오톡을 실행하면 팝업창을 위에 띄워둔 상태로 대화를 나눌 수 있습니다.

❽
크기를 조절해서 음악을 켜둔 상태로 다른 작업을 할 수도 있습니다.
이제는 이 화면 저 화면 왔다 갔다 하지 않아도 되겠죠. 유튜브 말고 다른 앱도 이렇게 팝업창으로 띄울수 있어요.

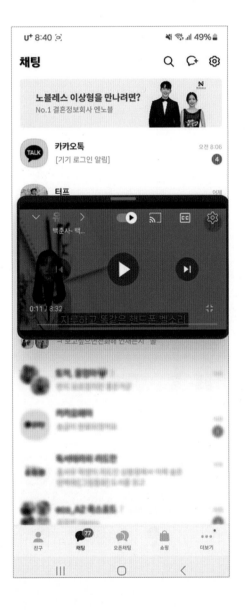

❾

팝업화면 열기를 선택했던 창에서
분할 화면으로 열기를 누르시면,

❿

휴대폰 화면을 분할해서 사용할 수
있어요. 유튜브가 켜진 상태로 밑에
보이는 다른 앱을 선택해 주세요. 저
는 카카오톡을 선택해볼게요.

⓫

그러면 반은 유튜브, 반은 카카오톡으로 사용할 수 있습니다.
메시지도 입력할 수 있고 유튜브로 영상을 검색하거나 다음 영상을 재생할 수도 있죠.

분할화면이나, 팝업화면 중에서 편한 방법을 선택하시면 되겠습니다.

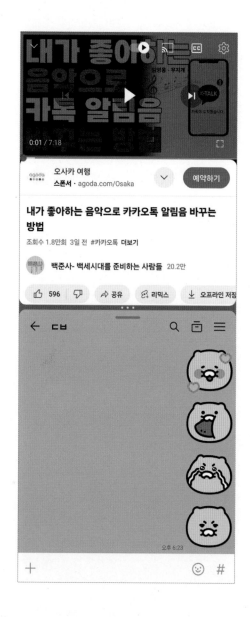

15

누구인지 모르게 전화 걸기

어머니는 오늘 아침 아버지와 다툰 뒤 집 밖을 나섰습니다.

친구를 만나 시간을 보내고 있는데 택배회사로부터 전화가 왔습니다.

"집에 남편이 있을 텐데요."

공동 현관에서 벨을 눌러도 대답이 없다는 택배기사의 말에 어머니는 잠시 전화를 끊고 아버지에게 전화를 걸었습니다.

통화연결음이 한 번 울리더니 끊겼습니다.

여러 번 전화해도 연결되지 않아 답답해하는데 옆에서 친구가 말했습니다.

"네 번호 차단했나 보다."

어머니는 화가 나는 것과는 별개로 마음이 초조했습니다.

"중요한 택배라서 지금 받아야 하는데…."

"어쩌지? 내 휴대폰도 배터리가 없어서 꺼졌는데."

"지금 집에 가야 하나…."

"그래. 급한 거면 얼른 가봐."

집이 멀지 않기 때문에 어머니는 택배를 받으려고 주섬주섬 짐을 챙겼습니다.

> **어머니 잠깐!**
> 차단이 돼도 전화를
> 걸 수 있는 방법이 있어요!
> 이렇게 해보세요.

QR 코드를 스마트폰 카메라로 비추어
관련 영상을 시청해 보세요.

❶

전화 앱을 켜주세요.
그리고 밑에 있는 목록 중에서 **키패
드**를 선택하면 이렇게 숫자를 누를
수 있는 화면이 나옵니다.

❷

전화번호를 누르기 전에 **＊23#**이라
고 먼저 입력해주세요.

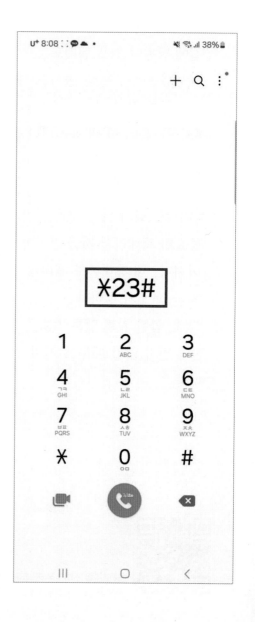

그러고 나서 상대방의 전화번호를
이어서 입력합니다.

통화를 누르면 이렇게 상대방이 내
번호를 차단했더라도 발신이 됩니다.

❺

상대방 휴대폰을 보면 내 번호가 아
니라 발신번호 표시제한이라고 적
히고 전화가 수신되죠.

누군가 나를 차단했을 때, 혹은 내
번호를 밝히지 않고 전화를 걸고 싶
을 때 쓰시면 유용합니다.

16

천지인으로 문자 입력해요

「오늘도 아녀하시닉가. 화창한 나늘이 매ㅔ우 좋습니다.」

어머니는 오늘 문자를 보내려다 보니 오타가 너무 많이 나와 속상합니다.
키보드가 작은 게 영 적응하기가 쉽지 않습니다.
어머니는 문자를 전부 지운 다음 다시 한 자 한 자 입력합니다.

「오늘도 ㄹ안녕하십나ㅣㄱ가. 화창한 하늘이 매우 좋ㄱ습니다,,」

그래도 오타를 피할 수 없었습니다.
예전 폴더폰을 썼을 때는 긴 글도 잘 보냈는데, 지금은 오타 때문에 그
렇게 하지 못하니 속이 상합니다.
어머니는 다시 문자를 지우고 짧게 인사를 보냅니다.

「안녕하세요.」

어머니 잠깐!
익숙한 방법으로
문자를 입력할 수 있어요.
앱만 설치하면 돼요.

QR 코드를 스마트폰 카메라로 비추어
관련 영상을 시청해 보세요.

❶
플레이스토어에서 네이버 스마트보드앱을 검색해주세요. 그리고 설치해줍니다.

❷
처음 실행하면 이런 화면이 나오는데요. 가장 위에 네이버 스마트보드 스위치를 켜주세요라고 적혀 있죠? 이걸 눌러주세요.

❸
그러면 기본 키보드 및 추가 키보드
설정 페이지가 나오는데요.
여기에 네이버 스마트보드 항목이
생겼는데 이걸 터치합니다.

❹
이렇게 파란색으로 활성화됩니다.
뒤로 가기를 눌러주세요.

그러면 1번이 끝났고, 2번을 누를 차례에요. 다음 화면에서 네이버 스마트보드를 선택하세요라고 되어 있는데요, 눌러주세요.

이런 창이 올라오면 위에 있는 네이버 스마트보드를 선택합니다.

❼
이제 스마트보드가 준비가 되었는
데요, 마지막 3번을 눌러주세요.

 ❽
어떤 키보드를 사용할 건지 선택할
수 있어요. 요즘엔 컴퓨터 키보드 형
식을 선호하는 분들이 많은데, 저는
천지인을 쓰기 때문에 천지인을 선
택하겠습니다.

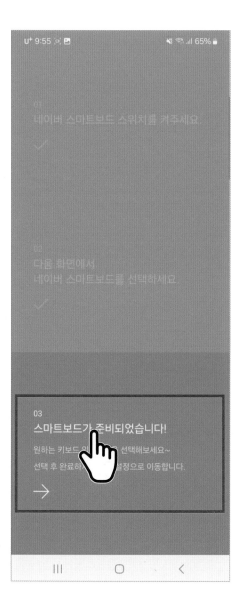

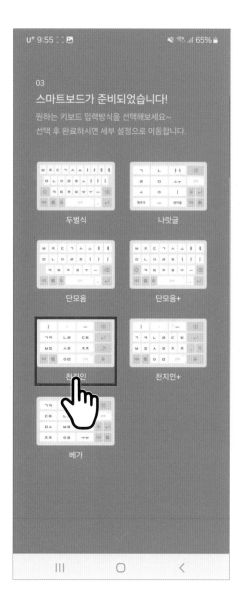

❾

네이버 스마트보드 기본설정 페이지입니다. 이제 키보드가 네이버 키보드로 바뀌었어요.

❿

카톡이든 문자든 상관없이 이제 네이버 키보드가 튀어나옵니다. 기능이 다양한데 대표적으로 맞춤법, 오타, 띄어쓰기 교정 기능이 있습니다. 잘못된 맞춤법 등을 자동으로 교정해줍니다.

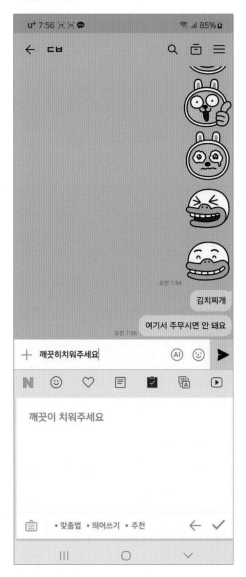

⑪

그리고 키보드 위에 있는 툴바에서
번역 아이콘을 눌러주세요.

⑫

이렇게 한글로 입력하면 자동으로
영어로 바꿔주네요.
물론 영어뿐 아니라 다양한 언어로
번역이 가능합니다.

⑬ 그리고 툴바에서 수첩 모양을 선택하시면 자주 쓰는 메모 기능을 이용할 수 있어요.

⑭ 이렇게 편집 화면에서 문구 추가하기를 누르면 단축어로 긴 문장을 쉽게 입력할 수 있습니다.
예를 들어서 계좌번호를 입력하고 단축어를 ㄱㅈ으로 저장해두면,

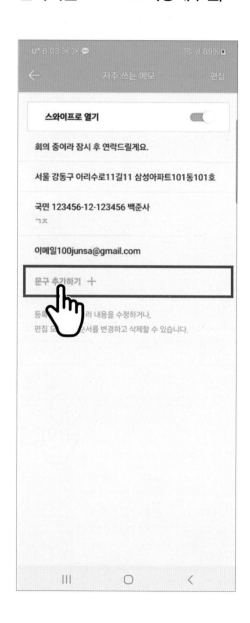

⑮
키보드에 ㄱㅈ 만 적어도 툴바에 계
좌번호가 떠서 1초만에 입력이 가능
합니다.

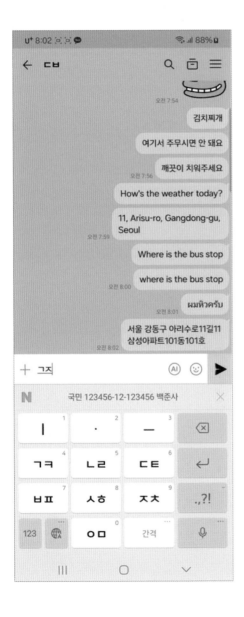

2

조금만 바꿔도
프로 같아지는
카메라
이용 방법

17

흔들리지 않는 편안한 동영상 촬영

어머니는 강아지와 산책을 나갔습니다.

"귀여워라."

어머니는 강아지를 좋아하는 손주들을 위해 뛰어노는 귀여운 강아지의 모습을 동영상으로 촬영했습니다.

그렇게 한 시간을 산책하고 집에 돌아온 어머니는 손주들에게 영상을 메시지로 보냈습니다. 잠시 후 손주에게서 전화가 걸려 왔습니다.

"할머니, 강아지가 하나도 안 보여요."

어머니가 영상을 잘 못 보냈나 싶어 확인해봤는데 좀 전에 찍은 영상이 맞았습니다.

하지만 재생해보니 너무 흔들려서 강아지가 제대로 보이지 않았습니다. 손주가 실망스러워하자 어머니는 다시 강아지를 찍어보았지만 여전히 결과물은 좋지 않았습니다.

한 시간쯤 지났을 때 어머니는 영상 찍기를 포기했습니다.

"강아지 보고 싶었는데…."

손주는 힘없이 말했습니다.

"할머니가 나중에 강아지 데리고 놀러 갈게."

> **어머니 잠깐!**
> 흔들림 없이 동영상을 찍을 수 있어요!
> 이렇게 해보세요.

QR 코드를 스마트폰 카메라로 비추어
관련 영상을 시청해 보세요.

❶
카메라 기본 앱으로 들어가주세요.

❷
왼쪽 위를 보시면 톱니바퀴가 있습니다. 이걸 눌러주세요.

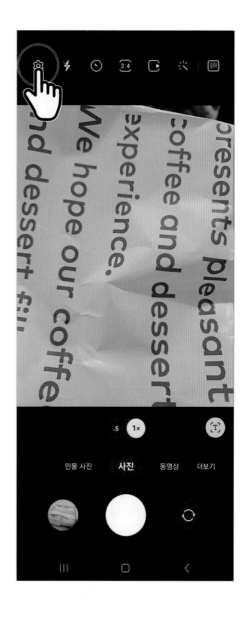

❸

그러면 카메라 설정이 켜지는데요.
밑으로 조금 내려보세요.

❹

동영상 손떨림 보정이라는 메뉴가
있어요. 보통은 이게 이렇게 꺼져 있
어요.

❺ 터치해주시면 파란색으로 활성화됩
니다.

❻ 그리고 뒤로 가기를 눌러서 촬영하
시면 영상의 흔들림이 확연히 줄어
듭니다. 그리고 상단 메뉴를 보면 손
모양의 아이콘이 있는데요. 이것도
손떨림 보정 기능이에요.

❼

손모양을 터치해서 노란색으로 바뀐
상태로 촬영하면 손떨림 방지가 된
것입니다. 대신 화질이 조금 떨어지
기 때문에 걷거나 뛰면서 찍어야 하는
상황에서만 이용하시는 게 좋아요.

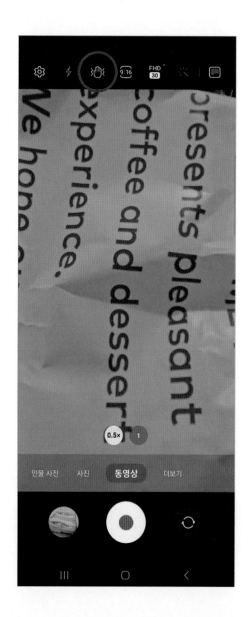

18

셀카 쉽게 찍는 방법이에요

어머니는 친구와 함께 한적한 공원으로 꽃구경을 하러 갔습니다.

오랜만에 친구들과 바람도 쐬고 예쁜 사진도 찍으며 시간을 보냈습니다.

"다 같이 사진 찍을까?"

친구들과 함께 꽃을 배경으로 사진을 찍으려는데 카메라 안에 모두가 담기지 않았습니다.

"팔을 조금 더 멀리 뻗어봐."

친구의 말에 어머니가 팔을 최대한 뻗었더니 카메라 셔터를 누르기가 힘들었습니다.

휴대폰을 오른손으로 들었다가 왼손으로 들었다가 해봐도 손가락이 셔터에 닿지 않았죠.

"다 같이는 못 찍겠다. 누구 한 사람이 찍어줘야겠어."

"내가 찍어 줄게. 다 같이 서봐."

어머니가 친구들에게 말하자 친구들이 대답했습니다.

"사람들이라도 있으면 찍어달라고 부탁할 텐데….''

다같이 찍는 대신 돌아가면서 서로를 찍어주기로 했습니다.

QR 코드를 스마트폰 카메라로 비추어
관련 영상을 시청해 보세요.

> **어머니 잠깐!**
> 조금만 설정을 바꿔주면
> 셀카 찍을 때
> 손가락이 편해져요.

카메라를 켜면 이렇게 사진을 찍을 수 있는 화면이 나오죠. 밑에 있는 흰색 동그라미가 셔터 버튼이에요.
이걸 다른 위치로 옮길 수 있는데요, 셔터에 손가락을 대고 옆으로 살짝 움직여주세요.

그러면 화면처럼 작은 점이 생기는데 이 위치에 옮겨지는 거예요. 손가락을 원하는 위치에 가져간 다음 떼주세요.

❸

손가락을 뗀 부분에 셔터가 하나 더
생겼어요.

❹

이 셔터는 자유롭게 움직일 수 있기
때문에 가로로 찍을 때, 왼손으로 찍
을 때 상관없이 편하게 촬영할 수 있
어요. 혹시 이 기능이 안 된다면 왼쪽
위에 있는 톱니바퀴를 눌러주세요.

❺

카메라 설정 창이 뜨면 밑으로 내려
주세요.

❻

여기에서 **촬영 방법**이라는 메뉴로
들어갑니다.

가운데에 있는 플로팅 촬영버튼을
이렇게 활성화해주셔야 합니다.

 사진촬영을 하다가 중간에 동영상을
찍고 싶다면 하얀색 셔터를 손가락
으로 길게 꾹 눌러주세요.

⑨

이렇게 사진이 동영상으로 전환돼
촬영됩니다. 위에 시간도 흐르고 있
죠. 그리고 손가락을 떼면 다시 사진
촬영 모드로 바로 돌아갑니다.

⑩

그리고 사진 모드에서 셔터에 손가
락을 대고 밑으로 내려주세요.

연속 사진 촬영인데요, 최대 100장이 한 번에 찍힙니다. 짧은 시간에 여러 장을 찍기 때문에 움직이는 사람을 순간 포착하기 좋아요.

⑫ **갤러리**에 들어가 보면 100장씩 묶여 저장돼 있어요.

19

말로도 사진을 찍을 수 있어요

어머니는 요즘 스마트폰으로 사진을 찍는 일이 재미있어졌어요.

그래서 친구들하고 놀러 갔을 때도 나서서 사진을 찍어줬어요.

어머니는 더 좋은 사진을 찍고 싶어서 작은 삼각대를 샀어요.

"너도 같이 찍어. 이리로 와."

어머니가 사진만 자꾸 찍어주니까 친구가 함께 찍자며 손짓을 했어요.

어머니는 삼각대에 스마트폰을 부착하고 스마트폰 타이머를 맞췄어요. 시간을 3초로 맞춘 어머니는 헐레벌떡 뛰어갔어요. 그러자 곧 찰칵하고 사진이 찍혔어요.

사진을 확인해보니 눈을 감고 있는 사람이 있었어요. 어머니는 다시 타이머를 맞추고 또 뛰어갔어요.

어머니는 왔다갔다 하다가 지쳐서 표정이 점점 안 좋아졌어요.

어머니는 사진을 찍을 리모콘도 하나 사야겠다고 생각했어요.

> 어머니 잠깐!
> 리모콘이 없어도 멀리서
> 사진을 찍을 수 있어요.
> 이렇게 해보세요.

QR 코드를 스마트폰 카메라로 비추어
관련 영상을 시청해 보세요.

사진 촬영 모드에서 촬영, 김치, 스마 일 또는 찰칵이라고 말씀해주세요.

위에 음성인식 표시가 잠시 뜨고 바 로 촬영이 됩니다. 휴대폰을 멀리 두 고 찍을 때나 손가락으로 셔터를 누 를 수 없는 상황일 때 음성 촬영 방법 을 쓰시면 좋아요.

❸
동영상을 촬영할 때도 쓸 수 있죠. 위에 음성인식 표시가 뜨죠?

❹
윗부분에 **마이크**가 켜지는 게 보이고 나서 영상 촬영이 시작되죠.

❺ 그리고 이렇게 화면을 향해 손바닥 을 펼쳐 보이면,

❻ 3초 카운트다운을 시작하고요, 카운 트다운이 끝나면 사진이나 영상 촬 영이 됩니다.

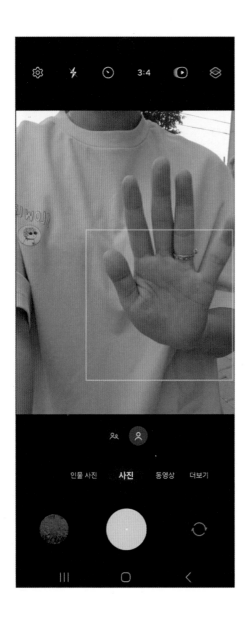

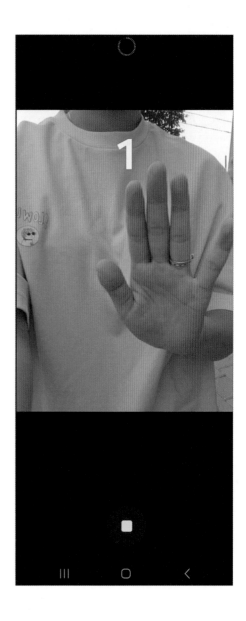

❼
이 기능들이 안 된다면 왼쪽 위에 있
는 톱니바퀴를 눌러주세요.

❽
카메라 설정 메뉴 중에서 촬영 방법
을 눌러주세요.

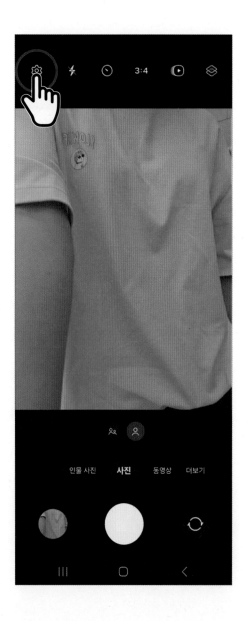

❾

이 중에서 음성 명령, 손바닥 내밀기
기능을 활성화해주시면 됩니다.

20

복권이 당첨됐는지 바로 확인해요

어머니는 재미삼아 로또를 한두 장씩 사십니다.

그리고 일요일이 되면 어제 있었던 추첨 결과와 로또를 맞춰보십니다.

"앗, 잘못 봤다. 5등이 당첨된 줄 알았는데 하나가 틀렸네."

어머니는 돋보기를 쓰고 웃으면서 말합니다.

"어머니, 당첨이 됐는지 일일이 찾아보지 않아도 알 수 있어요."

"어떻게 그런 걸 알 수 있니? 내가 복권을 산 곳에 가서 물어보면 될까? 하나씩 맞춰보려니 눈도 침침해서 영 귀찮구나."

"스마트폰만 있으면 돼요. 복권 당첨은 물론이고 다른 이벤트에도 참가할 수 있어요."

스마트폰으로 복권이 당첨을 확인할 수 있는 방법을 알려드렸더니 어머니가 활짝 웃으십니다.

그리고 어머니, 로또는 재미 삼아 조금씩만 구입하시는 걸로 약속해요.

> **어머니 잠깐!**
> 이 방법을 알고 나면
> QR 코드로 할 수 있는
> 여러 가지가 보일 거예요.

QR 코드를 스마트폰 카메라로 비추어
관련 영상을 시청해 보세요.

124

❶ 카메라를 켜서 QR 코드를 비춰주세요

❷ 그러면 다른 버튼을 누르지 않고도 바로 카메라가 QR 코드를 인식합니다. 링크 주소가 뜨는데요, 주소를 손으로 터치해 주세요.

❸

해당 페이지로 바로 연결돼요.
꼭 복권이 아니더라도 QR 코드를 인
식해야 할 때 기본 카메라로 비춰주
기만 하면 됩니다.

❹

만약 인식이 안 되면 왼쪽 위에 있는
톱니바퀴를 눌러주세요.

❺

카메라 설정을 보시면 QR 코드스캔
이라는 메뉴가 있어요. 사진처럼 파
란색으로 활성화해주셔야 해요.

21

누가 찍은 사진인지 알려줘요

어머니는 예쁜 꽃 사진을 찍어서 며칠 전에 카카오톡 단체방에 공유했어요.

그런데 오늘 단체방에 다시 들어가 보니 어떤 사람이 그 사진을 자기가 찍은 것이라 말하고 있었어요.

어머니는 조금 화가 났어요. 분명 어머니가 찍은 게 맞았거든요.

"그거 제가 찍은 사진이에요. 제 스마트폰에도 저장돼 있어요."

어머니는 글을 올렸지만, 사람들이 믿어주지 않았어요.

그래서 갤러리를 열어서 화면을 캡처해서 다시 단체방에 올렸어요.

그러자 사람들은 어머니가 찍은 게 맞다고 믿어주는 것 같았어요.

자기가 그 사진을 찍었다는 사람은 아무 말 하지 못했어요.

그제야 어머니는 마음이 좀 풀렸어요.

어머니는 생각했어요.

'그림에 사인을 하거나 낙관을 찍듯 사진에도 낙관을 찍을 수 있다면 좋을 텐데….'

> **어머니 잠깐!**
> 카메라 기본 기능으로도
> 사진에 원하는 글씨를
> 쓸 수 있어요.

QR 코드를 스마트폰 카메라로 비추어
관련 영상을 시청해 보세요.

❶
카메라를 켜주시고요, 왼쪽 위에 있
는 **톱니바퀴**를 눌러주세요.

❷
카메라 설정에서 **워터마크**라는 메뉴
를 누릅니다.

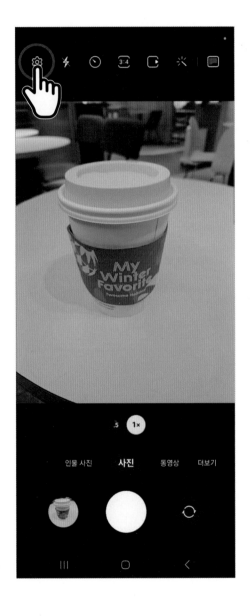

❸
그리고 사용 안 함으로 되어 있는 부분을 터치해서 활성화해주세요.

❹
이렇게 사용 중으로 되면 밑에 버튼들도 활성화가 되는데요, 첫 번째 모델명 옆에 있는 편집을 눌러주세요.

❺ 보통은 휴대폰 기종 이름이 적혀 있는데요, 이걸 지우고 사진에 넣고 싶은 문구나 이름을 입력해주세요.

❻ 저는 백준사라고 적어볼게요. 그리고 저장을 눌러주세요.

❼ 그리고 날짜도 넣어볼게요. **날짜**를 체크하면 사진을 찍은 날짜가 자동으로 사진에 새겨지죠.

❽ **시간**을 체크하시면 날짜 옆에 시간이 표시가 됩니다. 이렇게 설정한 후에 사진을 찍으면,

❾

찍은 모든 사진에 워터마크가 새겨
집니다.

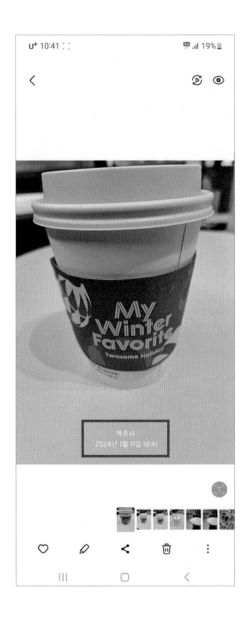

22

사진을 더 잘 찍게 도와줄게요

어머니는 요즘 휴대폰으로 사진을 찍는 취미가 생겼습니다.

식당에 가면 꼭 음식 사진을 찍었고 멋진 풍경을 찍는 것도 즐겼습니다.

주변 사람에게도 직접 찍은 사진을 공유했지만 돌아오는 대답은 한결같았습니다.

"사진이 좀 이상하다."

"어두워서 잘 안 보이네."

그래서 어머니는 사진에 소질이 없다고 생각했습니다.

모처럼 시작한 취미인데 좀 더 잘 찍어보고 싶었던 어머니는 휴대폰을 최신 기종으로 바꾸기로 결심했습니다.

그러면 실력이 부족해도 사진이 멋지게 나올 것 같았습니다.

휴대폰을 바꾼 지 2년도 되지 않았는데 다시 바꿀 생각에 아까운 마음이 들기도 했지만 예쁜 사진을 찍을 기대에 어머니는 설레었습니다.

> 어머니 잠깐!
> 휴대폰 바꿀 필요 없어요.
> 아주 쉽게 멋진 사진 찍을 수 있어요!

QR 코드를 스마트폰 카메라로 비추어
관련 영상을 시청해 보세요.

음식, 인물, 풍경 사진 전부 같은 카
메라로 찍기 때문에 사진마다 느낌
을 잘 살리려면 피사체에 맞는 **최적
촬영 기능**을 켜주셔야 해요. 왼쪽 위
에 있는 **톱니바퀴**를 눌러주세요.

② 그리고 **인텔리전트 기능**에서 **장면별
최적 촬영**을 눌러줍니다.

❸
이렇게 사용 안 함이 되어 있다면 터
치를 해주세요.

❹
그러면 파란색 사용 중으로 바뀌죠.
이 상태로 카메라를 이용하시면 돼요

❺
따로 설정을 하지 않아도 최적 촬영
을 돕기 때문에 무엇을 찍든 자동으
로 색감 등을 조절해서 예쁘게 찍힙
니다.

❻
그리고 수평을 맞춰 찍어야 할 때는
이렇게 안내선이 있으면 좋겠죠?
사진에 이 선이 나오지는 않아요. 왼
쪽 위에 있는 톱니바퀴를 다시 한번
눌러주세요.

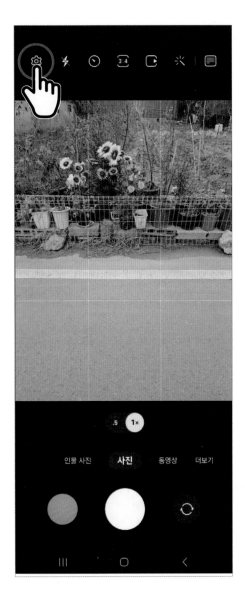

❼
카메라 설정에서 수직/수평 안내선
을 이렇게 활성화해주시면 됩니다.

❽
그리고 사진이나 영상 찍을 때 간단
히 밝기를 조절하는 방법인데요, 카
메라 중간을 보시면 동그라미 하나
가 있어요. 그 밑에 해 모양이 있는데
그곳에 손을 대고 오른쪽 왼쪽으로
이동시켜 주시면 돼요.

❾
오른쪽으로 이동시키면 화면이 밝아
지고요.

❿
왼쪽으로 이동시키면 화면이 어두워
집니다. 사진이나 영상 찍기 전에 이
렇게 조절하시면 훨씬 좋은 결과물
을 볼 수 있죠.

23

영화 같은 슈퍼 슬로우 모션

어머니는 9살 손자와 함께 축구공을 가지고 산책을 갔습니다.

요즘 축구를 배우기 시작한 손자는 할머니와 공놀이를 하며 즐거워했습니다.

"할머니, 슛 해볼 테니까 동영상으로 찍어주세요."

손자의 말에 어머니가 휴대폰을 들어 손자가 공을 차는 장면을 찍었습니다.

잘 찍혔나 함께 보는데 손자가 말했습니다.

"유튜브에서처럼 공을 차는 순간을 멋있게 찍었으면 좋겠어요."

"발만 한번 찍어볼까?"

어머니가 영상을 다시 찍어보았지만 결과는 똑같았습니다.

순식간에 지나가버린 장면에 어머니가 손자에게 말했습니다.

"조금만 천천히 차보면 어떨까?"

"그러면 하나도 안 멋있단 말이에요."

"유튜브처럼 하려면 휴대폰 카메라로는 안 될거야. 할머니가 다음번에 더 멋있게 찍어줄게."

아쉬워하는 손자를 달래며 어머니는 다시 집으로 돌아갔습니다.

QR 코드를 스마트폰 카메라로 비추어
관련 영상을 시청해 보세요.

어머니 잠깐!
슬로우모션으로 동영상을 찍으면 아주 새로운 느낌으로 세상을 볼 수 있어요.

❶ 카메라를 켜주세요. 셔터 위쪽에 사
진, 동영상, 더보기 등이 있는데요,
더보기를 눌러주세요.

❷ 그러면 여러 아이콘들이 나오는데
요, 여기에서 슈퍼 슬로우 모션이라
는 메뉴를 눌러주세요.

❸

이렇게 카메라 모드가 바뀌는데요,
밑에 있는 셔터를 눌러 촬영하면 됩
니다.
슈퍼 슬로우 기능이니까 움직이는
걸 찍어주셔야겠죠?

❹

저는 이렇게 낙엽을 공중에 던져서
찍어보았는데요, 낙엽이 공중에서
흩날리다가 떨어지는 장면이 아주
느리게 찍힙니다.

❺
공을 던져서도 촬영해봤는데 공이
공중에 뜨고 떨어지는 장면이 아주
천천히 촬영되죠.
다양하게 응용이 가능한 기능이에요!

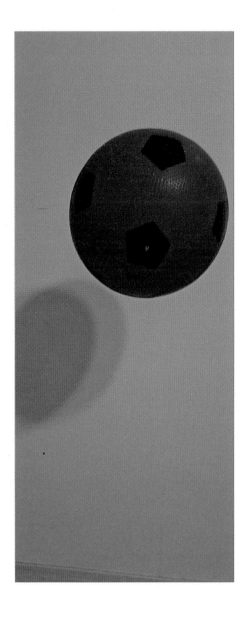

3

예쁘고
화사하고 즐겁게,
사진
편집하는
방법

24

그림자를 지워 깔끔한 사진 만들기

"할머니, 저 사진 좀 찍어주세요."

같이 간 여행에서 손자가 말했어요.

어머니는 갈고닦은 사진 솜씨를 발휘해서 역광인데도 꽤 멋진 사진을 찍었어요.

그런데 사진을 보니 그림자가 너무 진해서 손자가 드러나 보이지 않았어요.

"지금은 해가 뒤에 있어서 사진이 예쁘지 않으니 조금 이따가 찍으면 어떻겠니?"

어머니가 말했지만, 곧 다음 여행지로 자리를 옮겨야 해서 아쉽게도 그냥 자리를 떠야 했어요.

어머니는 차 안에서 사진을 보며 생각했어요.

'그림자만 없어도 참 예쁜 사진인데… 아깝네.'

어머니는 사진을 여행 앨범에 넣지 않고 '개인 소장' 하기로 했어요.

> **어머니 잠깐!**
> 사진을 보정하면
> 그림자를 지울 수 있어요.
> 멋진 사진을 골라서 앨범을 만드세요.

QR 코드를 스마트폰 카메라로 비추어
관련 영상을 시청해 보세요.

❶

갤러리에서 그림자를 지우고 싶은
사진을 선택해주세요.
그리고 사진 밑을 보시면 하트 옆에
펜 모양이 있어요. 이걸 눌러주세요.

❷

그러면 편집 화면으로 바뀝니다.
밑에 메뉴들이 생기는데요, 가장 왼
쪽에 **동그라미 네 개**가 모여 있는 듯
한 모양의 버튼이 있죠. 이걸 눌러주
세요.

❸

그러면 새로운 메뉴들이 나오는데
여기에서 AI 지우개를 터치해줍니다.

❹

그러고 나서 그림자 지우기라는 버
튼을 눌러주세요.

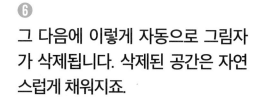

❺
그러면 그림자를 AI가 분석
하는데요,

❻
그 다음에 이렇게 자동으로 그림자
가 삭제됩니다. 삭제된 공간은 자연
스럽게 채워지죠.

25

지우고, 합성하고 마음대로

어머니는 사진에서 그림자 지우는 법을 배운 것이 기뻐서 여행이 더욱 즐거워졌습니다.

그런데 사진을 천천히 보다 보니 사정 때문에 집에 두고 온 강아지가 보고 싶어졌습니다.

그동안 정이 많이 든 강아지였지요.

"우리 강아지도 여기 데리고 왔으면 좋았을 텐데, 같이 사진도 찍고 말이야."

어머니는 속상한 마음을 표현했어요.

그러자 손자가 말했어요.

"할머니, 강아지 사진 있으면 합성해보세요."

"합성? 그건 컴퓨터에서 전문가나 할 수 있는 거 아니야?"

"친구들은 스마트폰만 가지고도 잘 하던데요?"

어머니는 손자의 말을 듣고 갤러리에 보관돼 있는 강아지 사진을 보여 주었습니다.

"이걸로 어떻게 안 될까?"

어머니는 손자와 함께 고개만 갸웃거렸어요.

QR 코드를 스마트폰 카메라로 비추어
관련 영상을 시청해 보세요.

> **어머니 잠깐!**
> 그림자 지우기를 배웠다면
> 사진을 합성하는 건
> 아주 쉬워요. 따라해보세요.

❶
바닷가 사진에 있는 인물을 지우고
강아지가 바다에서 뛰어놀고 있는
사진으로 만들어보려고 해요.

❷
갤러리에서 바닷가 사진을 선택하시
고 밑에 있는 펜 모양의 버튼을 눌러
주세요.

❸

그리고 사진 편집 화면 가장 밑에서
첫 번째 버튼을 눌러주세요..

❹

AI 지우개 라는 메뉴를 누르겠습니다.

❺
사진처럼 그림자 지우기 버튼을 눌러서 그림자도 지울 수 있고요. 인물 자체를 지울 수도 있어요.
지우고자 하는 대상을 손가락으로 터치를 해주세요

❻
이렇게 자동으로 사람만 선택돼요. 이때 밑에 지우기 버튼이 활성화되는데요. 지우기를 눌러주세요.

❼

그러면 이렇게 감쪽같이 사람이 사
라집니다.
밑에 있는 완료를 눌러주세요.

❽

이제 이 배경에 강아지를 넣어줄 거
에요.
밑에 있는 메뉴 중에서 가장 오른쪽
에 있는 스마일 버튼을 눌러주세요.

⑨
스티커를 넣는 기능인데요, 아까 보
셨던 강아지 사진을 가져올게요.
밑에 생긴 메뉴들 중에서 갤러리 모
양의 버튼을 누를게요.

⑩
그리고 여기 있는 플러스 버튼을 눌
러주세요.

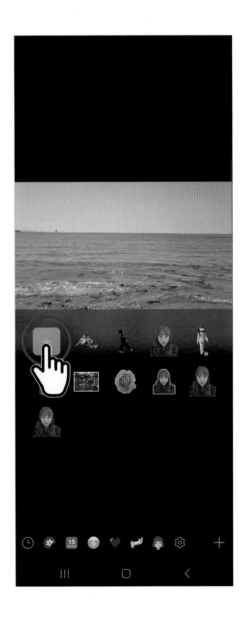

⓫
스티커로 사용할 사진을 선택하는
페이지가 뜨는데요, 이때 합성할 사
진을 선택합니다.
저는 강아지를 눌러볼게요.

⓬
자동으로 이렇게 편집 페이지가 뜨
면 아까와 마찬가지로 강아지를 손
가락으로 터치해주세요.

⓭
강아지만 선택이 되죠. 그러고 나서
다음을 눌러주세요.

⓮
강아지가 스티커처럼 분리돼 나옵니
다. 여기에서 완료를 누릅니다..

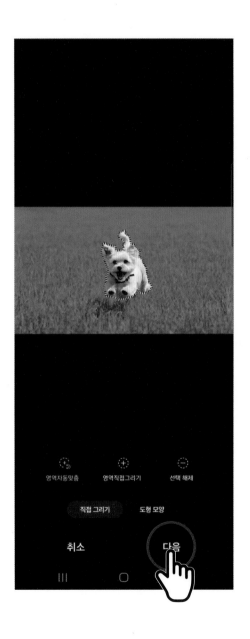

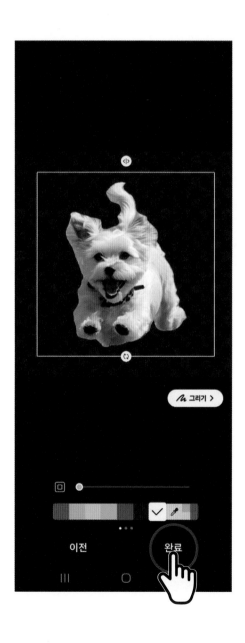

⑮

바닷가 배경에 강아지가 쏙 들어갑니다.

손가락을 대고 움직이면 위치도 바꿀 수 있고, 크기도 변경할 수 있어요. 마지막으로 오른쪽 위에 있는 **저장** 버튼을 눌러주시면 돼요.

⑯

합성이 완료된 사진이 갤러리에 저장돼 있습니다.

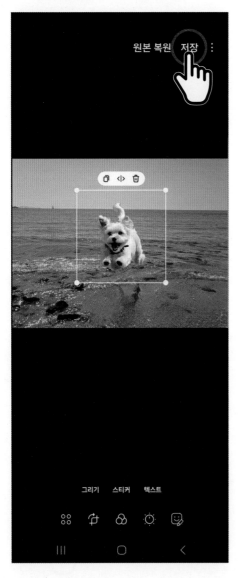

26

사진이 영화가 돼요

어머니는 여행에서 찍은 사진들을 친구들에게 자랑하고 싶었습니다.

그래서 카카오톡으로 사진을 한꺼번에 올렸죠.

그러자 한 친구가 메시지를 남겼습니다.

"사진이 한꺼번에 올라오니까 뭐가 뭔지 잘 모르겠다."

어머니는 속상했습니다.

한 장을 올리고 설명하고 또 한 장을 올리고 설명하려니 친구도 지겨워 하는 것 같았습니다.

어머니는 할 수 없이 사진을 인쇄해서 앨범으로 만들기로 했습니다.

나중에 친구들이 놀러올 때 보여줄 생각입니다.

> **어머니 잠깐!**
> 동영상으로 만들어서
> 보여주면 재미도 있고
> 이야기도 만들 수 있어요.

QR 코드를 스마트폰 카메라로 비추어
관련 영상을 시청해 보세요.

❶

갤러리에 들어가 아래 메뉴를 보면
사진, 앨범, 스토리가 있는데요, 여기
에서 스토리를 눌러주세요. 그러면
사진과 같은 화면이 나옵니다. 이번
에는 사진들로 영상을 직접 한번 만
들어보겠습니다.

❷

오른쪽 위에 있는 점 세 개를 누르시
면 작은 창이 떠요. 이 중에서 두 번
째 스토리 만들기를 눌러주세요.

이렇게 이름을 바꿀 수 있는 창이 뜨
는데요, 영상 제목을 설정해주세요.
그리고 추가 버튼을 눌러주세요.

④

영상 안에 넣을 사진을 선택하는 창
이 뜨면 터치를 해서 체크해주세요.
100장까지 선택 가능합니다.
그러고 나서 오른쪽 위에 있는 완료
를 눌러주세요.

❺

자동으로 선택한 사진들을 자연스럽
게 이어 붙이고 음악도 깔아줍니다.
영상으로 저장해서 앨범에 간직하거
나 공유하고 싶다면 오른쪽 위에 있
는 점 세 개를 눌러주세요.

❻

선택 창에서 동영상으로 저장을 눌
러주세요.

❼

이렇게 영상으로 저장되고, 갤러리에서도 확인할 수 있어요. 이 페이지에서 바로 공유할 수도 있습니다. 위에 있는 **공유 버튼**을 눌러주세요.

❽

카카오톡이나 이메일 등으로 다른 사람에게 바로 전송할 수 있네요!

4

지혜롭고 편리한
카카오톡
사용법

27

사진, 동영상 선명하게 보내요

어머니는 점심을 먹으러 갔던 식당에서 우연히 동창을 만났습니다.

"너무 반갑다. 자주 연락하자."

서로 연락처를 교환하고 헤어진 뒤 집으로 돌아온 어머니는 낮에 만났던 동창에게 전화를 걸었습니다.

"우리 그때 기억나? 너는 어쩜 하나도 안 변했니?"

옛날 그 시절 이야기를 하며 시간 가는 줄 몰랐습니다.

"안 변하긴. 잠깐만 있어봐. 우리 졸업앨범 있는데."

어머니가 책장에 꽂혀 있는 어릴 적 졸업앨범을 꺼내 들었습니다.

"찾았다. 나랑 너랑 같이 서 있어."

앨범을 잃어버렸다며 아쉬워하는 동창에게 사진으로 찍어서 보내주겠다고 하고 전화를 끊었습니다.

휴대폰으로 촬영해서 카카오톡으로 보냈는데 화질이 안 좋아서 얼굴이 잘 안 보인다는 답장이 왔습니다. 어머니는 다시 찍어서 보냈지만 동창은 똑같이 얼굴이 흐릿하게 보인다고 했습니다.

"이상하다. 나는 아주 잘 보이는데…."

어머니는 할 수 없이 다음에 만나면 보여주기로 하고 전화를 끊었습니다.

어머니 잠깐!
카카오톡에서 이렇게만 해도
사진이 선명해져요!

QR 코드를 스마트폰 카메라로 비추어
관련 영상을 시청해 보세요.

❶
카카오톡으로 사진을 전송했을 때
이렇게 봐서는 화질 차이를 잘 못 느
끼는데요,

❷
확대해보면 사진이 흐릿한 게 보입
니다.

❸
이렇게 해보세요. 채팅 입력창 왼쪽
에 있는 플러스 버튼을 눌러주세요.

❹
그러면 이런 메뉴들이 뜨죠. 첫 번째
앨범 메뉴를 눌러주세요.

❺
사진을 선택하시고, 전송을 누르기 전에 오른쪽 밑에 있는 점 세 개를 눌러주세요.

❻
그러면 사진과 동영상의 화질을 선택할 수 있는 창이 떠요.
저용량이나 일반 화질로 되어 있다면 확대했을 때 흐릿하게 보일 수 있죠.

❼
사진은 **원본**, 동영상은 **고화질**로 체크를 한 뒤에 확인을 눌러주세요.

❽
그러면 사진을 확대해도 이렇게 선명하죠.

28

단체 채팅방에서 모르게 나가요

사진 찍기가 취미가 된 어머니는 카카오톡에서 여러 단체 채팅 방에 가입했습니다.

그런데 너무 여러 곳에서 대화를 나누다 보니 정신이 없어졌습니다.

어머니는 단체 채팅방 몇 개를 정리하고 싶었습니다.

'방에서 나가면 다들 알 것 같은데… 새벽에 아무도 없을 때 나가야겠다.'

어머니는 방에서 몰래 나가고 싶어서 새벽 시간에 채팅창을 열어봤습니다.

그런데 새벽에도 사람들이 활발히 대화를 나누고 있었습니다.

'도대체 이 사람들은 언제 자는 거야?'

어머니는 마음이 약해 단체 채팅방에서 나가지 못하고 스마트폰만 무음으로 바꾼 채 잠을 청했습니다.

> **어머니 잠깐!**
> 이렇게 따라 하시면
> 어머니가 방에서 나간 걸
> 아무도 모를 거예요.

QR 코드를 스마트폰 카메라로 비추어
관련 영상을 시청해 보세요.

❶ 단체 채팅방에서 누군가가 나간다면 아래 그림처럼 나갔다는 공지가 뜹니다. 모든 사람의 주목을 받겠죠.

❷ 조용히 채팅방을 나가려면 채팅방 오른쪽 위에 있는 **줄 세 개**를 눌러주세요.

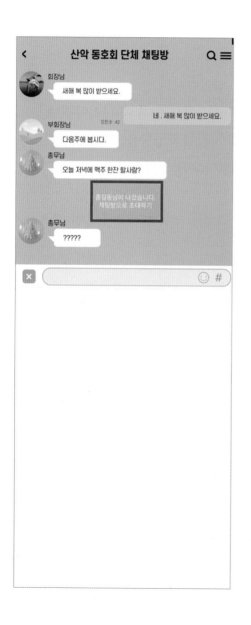

❸
그리고 맨 밑에 있는 나가기 버튼을
누릅니다.

❹
그러면 채팅방을 나가시겠어요?라
고 묻는 창이 뜨는데요,

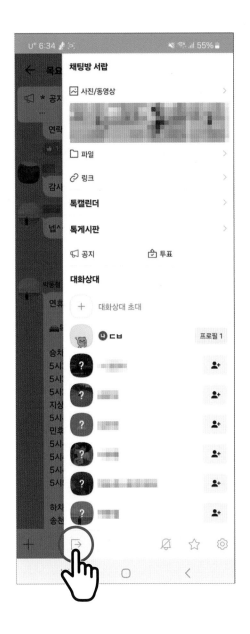

❺

이 때 이렇게 조용히 나가기에 표시
를 해주세요.
그러고 나서 나가기 버튼을 누르면
됩니다.

29

광고 전화는 받기 싫어요

어머니는 오래간만에 친구와 카페에서 만나 수다를 떨고 있었습니다.
스마트폰이 울리자 어머니는 전화를 받았습니다.

"여보세요."

"여보세요. 고객님 이번에 소개해드리는 상품은….'

보험광고 전화였습니다. 마음이 여린 어머님은 전화를 끊지 못하고 거절하느라 진땀을 흘리셨습니다.

"아니, 왜 모르는 번호를 받아?"

친구가 타박을 줬습니다.

"이번에 이사하려고 집을 내놨는데 혹시 관계된 사람인가 해서 그랬지."

"그래? 그러면 어쩔 수가 없구먼."

친구분도 방법을 모르겠다는 듯 테이블 위에 있던 잔을 잡고 차만 마셨습니다.

> **어머니 잠깐!**
> 카카오톡에서
> 광고 전화도 막아준대요.
> 이렇게 해보세요.

QR 코드를 스마트폰 카메라로 비추어
관련 영상을 시청해 보세요.

❶
카카오톡 하단 메뉴 오른쪽의 **더보기**를 눌러주세요.
그러면 사진과 같은 화면이 나오는데요. 지갑 밑에 **pay**가 있습니다 이걸 눌러주세요.

❷
'홈, 자산, 혜택, 전체' 메뉴 중에 **전체**를 눌러주세요.

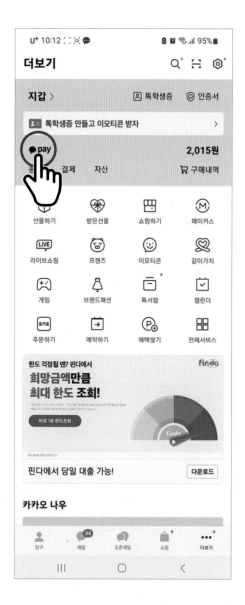

❸
굉장히 많은 메뉴가 뜨는데요, 밑으로 쭉 내려 보시면 더 보기에 광고 전화 차단하기라는 항목이 있어요. 이걸 눌러주세요.

❹
그러면 받기 싫은 광고 전화를 차단할 수 있는 메뉴가 뜹니다.
밑에 있는 광고 전화 차단하기 메뉴를 눌러 주세요.

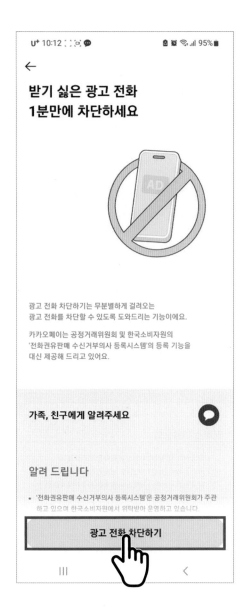

❺

아래에 서비스 이용동의 창이 떠요.
전부 체크하고 밑에 있는 모두 동의
하고 시작이라는 버튼을 눌러주세요

❻

휴대폰 인증을 해야 하는데요, 문자
로 전송된 인증번호 6자리를 입력한
후에 다음을 눌러주세요.

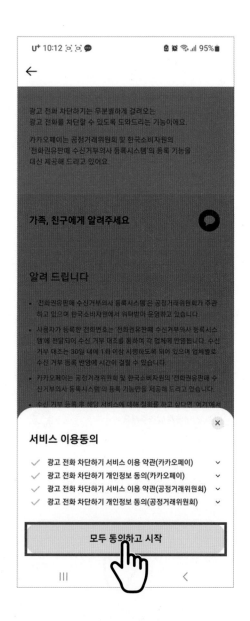

❼

그러면 4,000개가 넘는 업체의 광
고 전화를 간단히 차단합니다.

30

카카오톡이 번역도 해줘요

  어머니는 미국에 살고 있는 사촌 동생과 오래간만에 카카오톡으로 연락을 했습니다.

  사촌 동생은 이모와 이모 할머니에게 인사하라며 자식과 손주를 단체톡 방에 초대했습니다.

  어머니는 아이들의 얼굴을 본 지 워낙 오래돼서 이렇게라도 이야기하는 게 정말 기뻤습니다.

  그런데 미국에서 자란 지 오래된 아이들이 종종 영어를 섞어 쓰는 게 매우 곤란했습니다.

  "Hello."

  어머니는 인사까지는 했지만 더는 말을 이을 수 없어서 사촌 동생하고 만 이야기를 주고받았습니다.

  어머니는 여전히 아이들이 무슨 말을 했는지 궁금해합니다.

> **어머니 잠깐!**
> 따로 사전도 필요없어요.
> 간단한 번역은
> 카톡에서도 할 수 있어요.

QR 코드를 스마트폰 카메라로 비추어
관련 영상을 시청해 보세요.

카카오톡만으로도 번역이 가능해요.
외국어로 적힌 카카오톡 메시지를
받으면,

대화 말풍선을 손가락으로 꾹 눌러
주세요.

❸

그러면 이런 창이 떠요. 여기에서 번
역이라는 메뉴를 눌러주세요.

❹

그러면 언어를 감지해서 자동으로
한국어로 번역해줍니다.

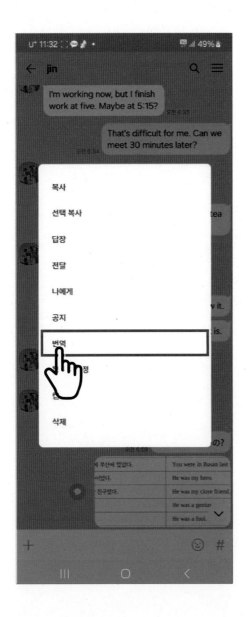

❺
영어 말고 다른 언어도 해볼게요. 일본어에 손가락을 대고 꾹 눌러주신 다음 번역을 선택하면 되겠죠.

❻
그러면 이렇게 일본어로 빠르게 번역돼요.
오른쪽 위에 보이는 언어 변경을 눌러 다양한 언어로 바꿀 수 있어요.

❼

영어, 일본어, 중국어, 베트남어 등 다양한 언어가 있네요. 중국어를 선택해볼게요.

❽

그러면 일본어가 제가 선택한 중국어로 바뀌었네요.

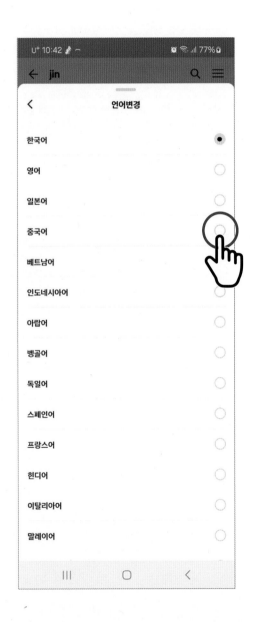

31

내가 어디 있는지 알려줄 수 있어요

어머니는 친구들과 동해로 여행을 갔습니다.

바다 구경도 하고 맛있는 것도 먹은 다음 숙소로 돌아왔는데 배가 더부룩해서 누워 있기 힘들었습니다.

"나 너무 많이 먹었나 봐. 소화가 잘 안되네. 이 근처에 산책 좀 하고 올게."

친구들은 숙소에서 쉬고 있겠다고 했고 어머니 혼자 밖으로 나섰습니다.

어머니는 숙소 근처 골목으로 들어가 한참을 걸었습니다.

30분 정도가 흐르자 겨우 소화가 되는 듯 했습니다.

숙소로 돌아가려던 어머니는 어느 방향에서 걸어왔는지 헷갈렸습니다.

골목을 아무리 돌아봐도 길을 찾기가 힘들었죠.

한참을 헤매다 친구에게 전화를 걸었습니다.

"나 아무래도 길을 잃은 것 같아."

그러자 친구가 데리러 오겠다며 어디에 있는지 물었습니다.

"어디인지 알면 내가 찾아 갔지."

어머니는 난감했습니다. 자신이 지금 어디에 있는지 설명하기 힘들었죠.

"아무래도 사람들한테 물어봐야 할 것 같아."

어머니는 물어볼 사람을 찾아 근처 가게를 기웃거렸습니다.

QR 코드를 스마트폰 카메라로 비추어
관련 영상을 시청해 보세요.

> **어머니 잠깐!**
> 이 방법을 알고 나면
> 친구와 약속할 때도
> 매우 편해요.

❶

카카오톡으로 쉽게 위치를 알려줄 수 있어요.
채팅 입력창 왼편에 있는 **플러스 버튼**을 눌러주세요.

❷

이런 창이 올라오는데 여기에서 **지도**를 찾아주세요. 없으면 옆으로 넘겨주세요.

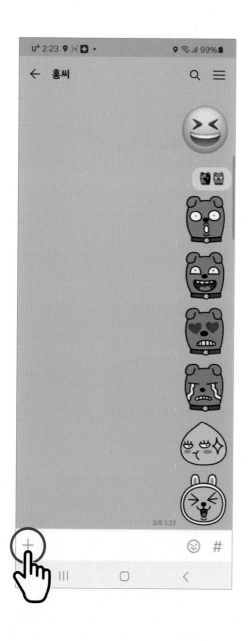

❸

지도를 눌러줍니다.

❹

그러면 GPS가 내 위치를 찾아서 지도에 표시를 해주는데요, 위치 정보 보내기를 누르면 지금 내 위치가 상대방에게 전송됩니다.

❺

카톡으로 바로 전송되고 상대방은 카카오맵이나 카카오T로 위치를 볼 수 있어요.

❻

또는 검색창에 장소를 검색해서 지도에 표시할 수도 있는데요,

❼

이렇게 지도를 보낼 수 있으면 만남
의 장소를 정할 때나 위치를 설명해
야 할 때 쉽고 확실하겠죠.

32

지나간 대화를 다 알 수 있어요

어머니는 최근에 동창회 단체 채팅방에 들어갔습니다.

50명이 넘는 사람들이 있는 채팅방이라서 하루에도 수십 개씩 메시지가 오고 갔습니다.

하루라도 확인을 안 하면 순식간에 메시지가 쌓여서 무슨 대화를 하고 있는지 따라가기가 힘듭니다.

특히나 요즘 동창회를 언제 열지 이야기하고 있어서 더욱 활발한 대화가 오고 갔습니다.

그런데 어머니는 휴대폰을 깜빡하고 집에 두고 외출했습니다.

몇 시간 동안 미용실에서 머리를 하고 집으로 돌아간 어머니는 휴대폰을 확인하고 깜짝 놀랐습니다.

"웬 메시지들이 이렇게 쌓였어?"

동창회 단체채팅방 옆에 210이란 숫자가 표시돼 있었습니다.

"이걸 언제 다 확인하지?"

휴대폰을 열어 확인하지 않은 부분부터 천천히 읽기 시작했습니다.

눈이 아파왔지만 중요한 얘기가 나왔을지 몰라 건너뛸 수가 없었습니다.

"이 다음부턴 조금 이따가 확인해야겠다."

중간쯤 보다가 어머니는 휴대폰을 닫았습니다.

QR 코드를 스마트폰 카메라로 비추어
관련 영상을 시청해 보세요

> **어머니 잠깐!**
> 지나간 대화를
> 다 읽을 필요 없어요.
> 자동으로 요약해줘요.

❶ 오랫동안 카카오톡을 확인하지 않으면 종종 메시지가 잔뜩 쌓여 있죠. 일일이 읽어보지 않아도 한 번에 내용을 요약할 수 있어요. 오른쪽 위를 보시면 **톱니바퀴**가 있어요. 눌러주세요.

❷ 작은 창이 나오는데요, **전체 설정**을 누를게요.

❸

전체 설정 창 아래쪽에 실험실이라
는 게 있죠. 눌러주세요.

❹

카카오 실험실이라는 건데요, 실험
실 이용하기가 꺼져 있는데 터치를
해주세요.

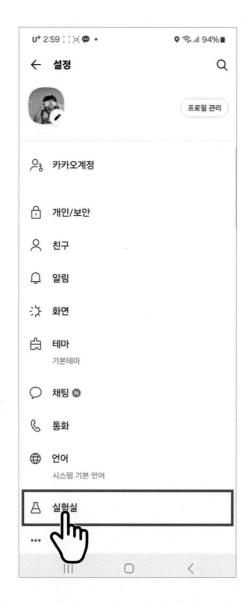

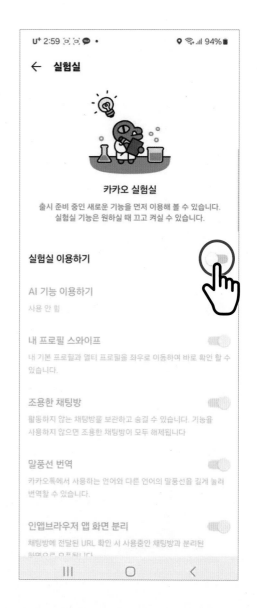

❺
그러면 노란색으로 활성화되고 밑의
메뉴들을 누를 수 있게 됩니다.
AI 기능 이용하기를 눌러주세요.

❻
그리고 꺼져 있는 AI 기능 이용하기
를 눌러서 활성화해주세요.

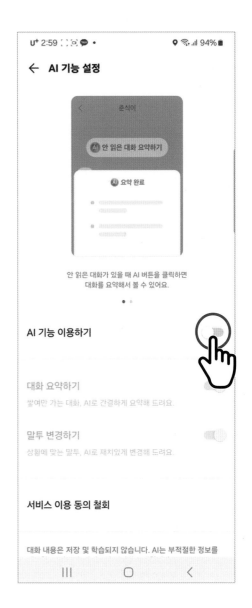

❼

밑에 있는 **대화 요약하기** 메뉴도 활
성화되어 있는지 확인해주세요.
노란색 표시가 돼 있어야 합니다.

❽

다시 채팅창으로 돌아가 볼게요.
이제 메시지가 쌓여 있는 채팅창을
눌러주세요.

❾
그러면 내가 읽지 않은 메시지가 시작하는 부분이 켜지고요. 안 읽은 대화 요약하기 버튼이 생깁니다. 이걸 눌러주세요.

❿
그러면 AI가 그동안 쌓인 메시지 내용을 전부 분석해서 요약해줍니다.

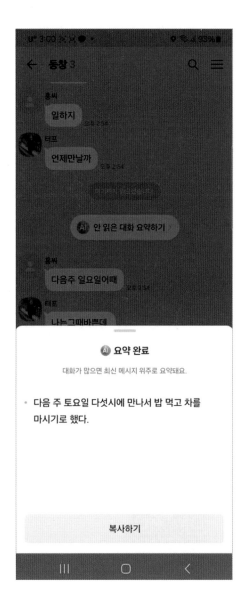

33

무슨 이야기를 했는지 알려줄 수 있어요

어머니는 오늘 황당한 일을 겪었습니다.

인터넷 쇼핑몰에서 주문한 그릇이 깨져 있어 반품하려고 고객센터에 접수했습니다. 하지만 반품해줄 수 없다는 불친절한 상담원의 말에 한참을 실랑이했습니다.

한 시간 동안 사진도 찍어 보내며 따진 끝에 반품을 받게 된 어머니는 같은 그릇을 주문하려던 친구를 말렸습니다.

"거기서 주문하지 마. 상품도 깨지고 상담원도 너무 불친절하더라. 너도 메시지 보면 깜짝 놀랄걸?"

그러자 친구는 무슨 대화를 나누었는지 물어봤습니다.

"내가 캡처해서 보내줄게."

전화를 끊은 어머니가 대화내용을 캡처하려는데 카드번호나 개인정보가 담긴 메시지들이 함께 캡처됐습니다.

"이 부분은 좀 가렸으면 좋겠는데."

어머니는 전체를 캡처한 후에 필요하지 않는 대화 내용을 잘라내려고 했지만 잘 되지 않았습니다.

그냥 전화로 읽어주기로 마음먹은 어머니는 다시 친구에게 전화를 걸었습니다.

QR 코드를 스마트폰 카메라로 비추어
관련 영상을 시청해 보세요.

> **어머니 잠깐!**
> 카카오톡 안에 있는 캡처 기능을
> 사용하면 필요한 부분만,
> 이름도 바꿔서 캡처할 수 있어요.

❶

카카오톡 대화 내용을 캡처하고 싶
은데 휴대폰 전체 화면을 캡처하면
가리고 싶은 부분도 캡처되죠?
일부만 캡처하고 싶을 때는 말풍선
에 손가락을 대고 꾹 눌러주세요.

❷

이런 창이 뜨는데요. 여기에서 캡처
라는 버튼을 눌러주세요.

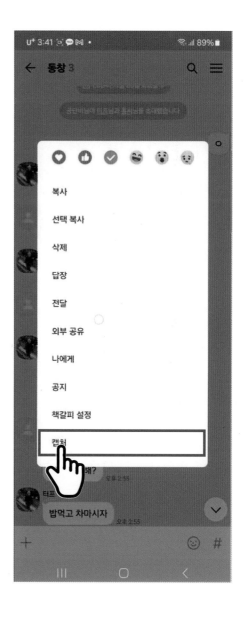

❸

그러면 손가락으로 눌렀던 말풍선만
이렇게 선택돼요.
밝게 보이는 부분만 캡처가 되는데
요, 다른 부분도 한번 터치해보세요.

❹

그러면 이렇게 선택한 곳까지 캡처
범위가 늘어나요.

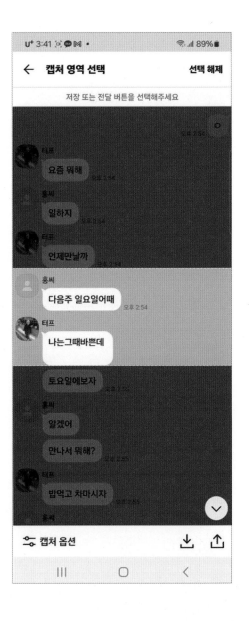

❺
밑에 보시면 버튼이 두 개 있죠. 하나는 화살표가 밑을 향해 있고, 하나는 화살표가 위를 향해 있어요.
왼쪽 버튼은 내 갤러리에 저장하는 것이고요. 오른쪽은 바로 공유하는 버튼입니다. 공유 눌러볼게요.

❻
그러면 전달할 대상을 선택할 수 있죠

❼

선택한 부분만 잘려서 전송됩니다.

34

카톡으로 택배 보내는 건 잘 몰라요

어머니는 오래 사용한 밥솥을 새 것으로 바꿨습니다.

하지만 전에 사용하던 밥솥이 고장 난 것이 아니었기에 아깝다고 하자 친구가 사무실에서 쓰겠다며 택배로 보내달라고 했습니다.

하지만 택배를 보내려면 밥솥을 들고 한참 걸어야 하기 때문에 망설여졌습니다.

"그냥 다음에 놀러 왔을 때 가지고 가면 안 될까?"

"택배비 때문에 그래? 내가 낼게."

"밥솥 들고 택배 부치러 가기 힘들어서 그러지. 차도 없고."

"그럼 내가 이따가 가지러 갈게."

안 그래도 요새 바쁘다고 한숨을 쉬던 친구가 떠올라 어머니가 마지못해 대답했습니다.

"번거롭게 뭘 그래. 이따가 내가 택배 부쳐줄게."

어머니는 밥솥을 큰 상자에 넣었습니다.

그리고 이 무거운 걸 들고 걸어갈 생각에 막막해졌습니다.

> **어머니 잠깐!**
> 카톡으로 택배를 부르면
> 들고 나가지 않아도 돼서
> 편리해요.

QR 코드를 스마트폰 카메라로 비추어
관련 영상을 시청해 보세요.

❶

카카오톡으로 방문 택배를 예약할
수 있어요.
카카오톡을 열어서 밑에 있는 메뉴
중에 **더 보기**를 눌러주세요.

❷

그리고 지갑 밑에 있는 **pay**를 누를
게요.

❸

그러면 위에 홈, 자산, 혜택, 전체 버튼이 있는데요,

❹

전체를 터치하면 검색창이 생깁니다.

❺

여기에다 배송이라고 쳐서 검색해
주세요.

❻

그러면 카카오페이 서비스 중에 배
송이라는 메뉴가 뜰 거예요. 이걸 눌
러주세요.

❼

약관에 동의하라는 창이 뜬다면 전
부 터치 하신 후에 밑에 모두 동의하
기 노란 버튼을 눌러 주세요.

❽

배송을 예약할 수 있는 페이지가 뜹
니다.
방문택배를 눌러서 집으로 기사님이
오셔서 물품을 수거할 수 있도록 할
게요.

❾

보내는 사람과 방문 날짜, 물품 정보,
받는 사람의 정보를 채워주세요.

❿

전부 입력한 후에 물품 정보 유의사
항 확인을 확인하시고 체크하시면 밑
에 결제하기 버튼이 노란색으로 변
합니다.
결제하기를 눌러주세요.

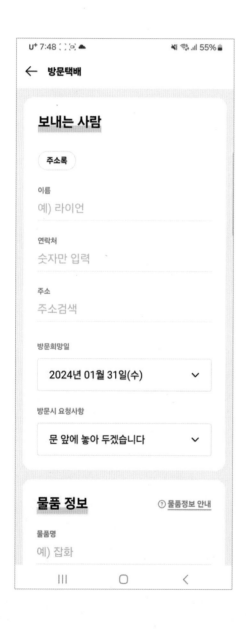

⓫
결제하면 지정한 날짜에 방문해서
택배를 수거해 갑니다.

35

카톡으로 기차표를 예매해요

　요즘 스마트폰 사용법을 익힌 다음부터 어머니는 활동이 더 활발해졌습니다.

　친구들과 모임도 적극적이 되었고, 점점 이곳저곳 다니면서 즐기시는 모습이 보기 좋습니다.

　오늘도 어머니는 친구들과 카카오톡으로 대화하다가 같이 기차를 타고 여행을 가기로 했습니다.

　어머니는 이번 여행에서 총무를 맡아 회비를 걷었습니다.

　그런데 생각해보니 기차표를 예매하러 갔다올 시간이 없었습니다. 어머니는 딸에게 카카오톡을 보냈습니다.

　"기차표만 좀 예매해주면 안 될까? 내가 시간이 없어서 말이야."

　"엄마, 지금 카카오톡 하고 있잖아. 그걸로 예매하면 돼."

　딸이 말했습니다.

　"카카오톡으로 예매가 된다고? 그럼 어디다 메시지를 보내야 해?"

　딸은 대답이 없었습니다. 어떻게 하면 될까요?

> **어머니 잠깐!**
> 기차역에 갈 필요없어요.
> 지금 사용하고 있는 카카오톡으로
> 예매하는 법을 알려드릴게요.

QR 코드를 스마트폰 카메라로 비추어
관련 영상을 시청해 보세요.

❶
카카오톡으로 기차표를 쉽게 예매해 볼게요! 위쪽을 보시면 돋보기가 있어요. 이걸 눌러주세요.

❷
그러면 검색창이 나옵니다.
여기에다가 코레일 기차라고 검색해 주세요.

❸

밑에 채널이 뜨는데 코레일 기차가
보이죠? 이 채널을 눌러주세요.

❹

코레일 기차 채널이에요. 가장 먼저
보이는 게 '어디로 떠나시나요?'라고
적혀 있는 검색창인데요, 여길 눌러
주세요.

❺
가려고 하는 기차역을 검색합니다.
여기서는 '부산'을 검색해보겠습니다.

❻
그러면 기차 노선을 선택할 수 있습니다.
원하시는 노선을 선택해주세요.

❼

그다음에는 날짜를 선택할 수 있어요. 원하는 날짜를 선택한 다음 **선택 완료**를 눌러주세요.

❽

해당 날짜에 서울역에서 부산역 가는 기차들이 뜨는데요, 어떤 기차를 탈지 선택합니다.

❾

승객 인원을 선택하고 밑을 보시면
왼쪽에 좌석 선택이 있습니다.

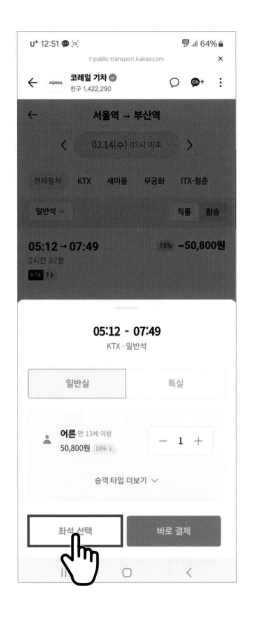

❿

좌석도 직접 선택할 수 있어요. 그 다
음에 결제하기를 눌러주시면 돼요.

결제페이지로 넘어가고 나서,

 결제만 하면 바로 승차권이 예매됩니다.
참 간단하죠.

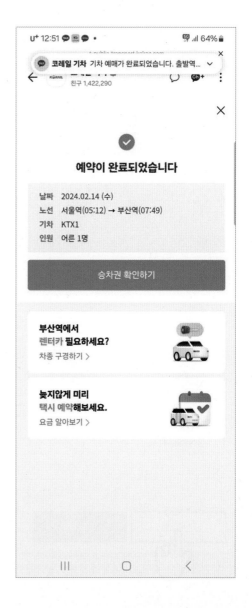

잘못 보낸 카톡 메시지 어떻게 하지?

어머니는 오랜만에 아들이 방문한다는 사실에 들떴습니다.

맛있는 음식을 해주고 싶어서 장을 보러 마트에 갔습니다.

그런데 한참 장을 보고 있는 어머니에게 아들이 전화했습니다.

"뭐라고? 벌써 집에 도착했다고?"

오후 5시에 오기로 했던 아들이 한 시간 일찍 집에 도착했습니다.

"그럼 들어가 있어. 금방 장 보고 갈게."

현관 비밀번호를 물어보는 아들에게 어머니는 카카오톡으로 보내주겠다고 말한 뒤 전화를 끊었습니다.

그리고 어머니는 아들에게 비밀번호를 보냈습니다.

몇 분 뒤 다시 아들에게서 전화가 왔는데 왜 비밀번호를 보내주지 않느냐는 것이었습니다. 어머니는 깜짝 놀랐습니다.

카카오톡 메시지를 확인해보니 엉뚱한 사람에게 메시지를 보냈던 것이었습니다.

아직 상대방이 메시지를 확인하지 않았지만 왠지 찜찜한 생각에 빨리 집에 가서 비밀번호를 바꿔야겠다며 장도 제대로 보지 않고 서둘러 나섰습니다.

> **어머니 잠깐!**
> 상대방이 메시지를 확인하지
> 않았다면 지울 수 있는
> 방법이 있어요. 침착하세요.

QR 코드를 스마트폰 카메라로 비추어
관련 영상을 시청해 보세요.

❶
카카오톡으로 잘못 보낸 메시지는
삭제할 수 있어요.
삭제를 원하는 메시지에 손가락을
대고 꾹 눌러주세요.

❷
그러면 창이 뜹니다. 이 중에서 삭제
를 눌러주세요.

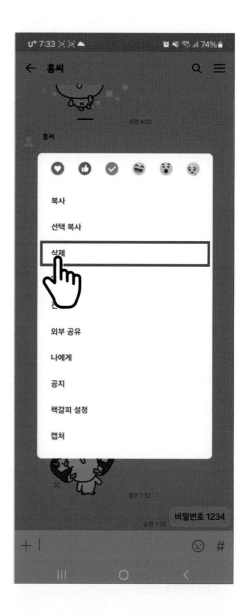

❸

두 개 중에 고를 수가 있어요. 모든 대화 상대에게서 삭제는 내가 보냈던 메시지를 상대방에게도 보이지 않게 삭제하는 것이고, 이 기기에서 삭제는 내 휴대폰에서만 안 보이게 하는 거죠.

❹

모든 대화 상대에게서 삭제를 선택하면 상대방 채팅방에서도 메시지를 지웁니다. 상대방의 메시지 확인 여부와 상관없이 삭제돼요.

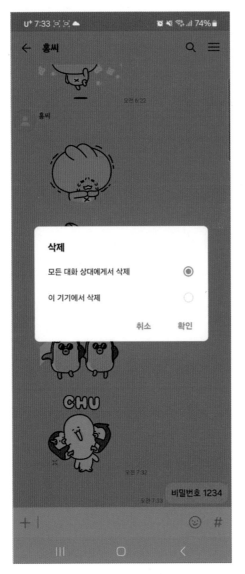

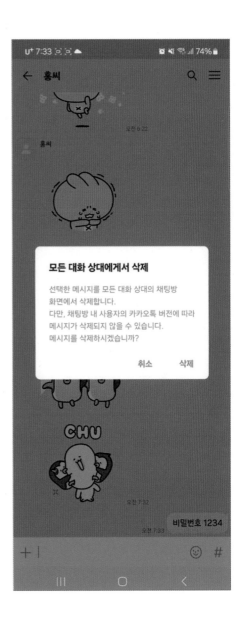

❺

모든 대화상대에게서 삭제는 메시
지를 보낸 지 5분 이내여야 가능해
요. 5분이 지나면 내 휴대폰에서만
삭제할 수 있습니다.

❻

5분이 지난 메시지를 삭제해볼게요.

❼
다시 한번 삭제를 눌러보았습니다.

❽
그러면 이전과 같은 창이 뜨지 않고 바로 어떤 메시지를 삭제할지 선택할 수 있어요. 상대방이 보낸 메시지도 삭제할 수 있지만, 내 휴대폰에서만 안 보이게 하는 것이에요.

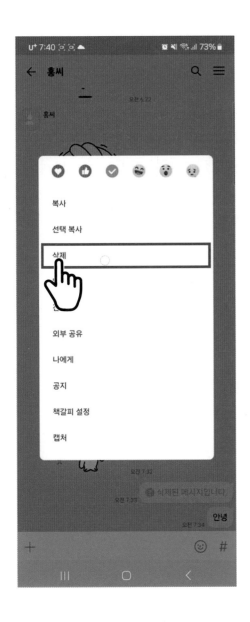

37

맞춤법도 카톡이 잡아준다고?

어머니는 올해부터 동호회의 총무를 맡게 되었습니다.

그래서 카카오톡 단체 채팅방에서 공지 메시지를 띄우곤 했는데 그것이 어머니에게 많은 스트레스를 주었습니다.

"맞춤법이 이게 맞니?"

"네. 맞는 것 같은데요."

지난 달에 어머니가 올렸던 공지사항 때문에 친구들에게 맞춤법 지적을 몇 번 받은 뒤로는 메시지를 보내기 전에 항상 이렇게 딸에게 물어보게 되었습니다.

그러다 보니 개인 메시지를 보낼 때도 왠지 신경이 쓰였죠.

카카오톡 메시지를 보낼 때마다 일일이 물어 확인하는 건 무척 번거로운 일이었습니다.

"인터넷에 검색해서 확인해보세요."

어머니가 자꾸 묻자 딸이 인터넷 사전으로 확인해보라고 대답했습니다.

"그래. 알았어."

딸의 말대로 하기는 했지만 장문의 메시지를 보낼 땐 늘 오랜 시간이 걸렸습니다.

> **어머니 잠깐!**
> 버튼 하나만 누르면
> 자동으로 맞춤법, 띄어쓰기를
> 수정해줘요!

QR 코드를 스마트폰 카메라로 비추어
관련 영상을 시청해 보세요.

카카오톡을 열어서 메시지를 보낼 사람과의 1:1 채팅방이나 단체 채팅방으로 들어가주세요.

키보드 오른쪽 밑에 있는 톱니바퀴를 눌러주세요. 만약 톱니바퀴가 안 보인다면 해당 위치의 버튼을 길게 꾹 누르면 아래와 같은 창이 뜹니다. 창에서 톱니바퀴를 눌러주세요.

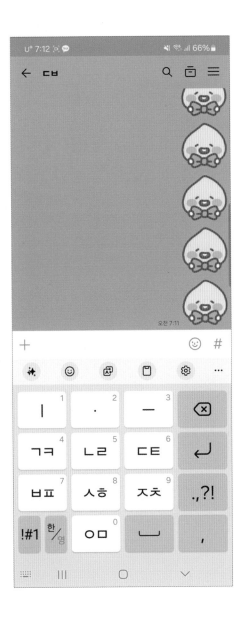

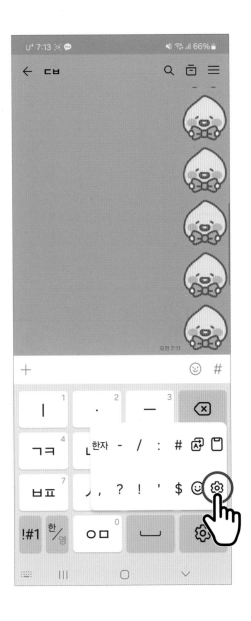

❸ 키보드 설정창이 켜지는데요, 여기에서 **키보드 툴바**를 찾아서 눌러주세요.

❹ 키보드 툴바를 사진처럼 사용 중으로 활성화해주세요.

❺
그러면 키보드 위에 툴바가 생기는
데요, 이 상태에서 채팅창에 원하는
메시지를 입력합니다.

❻
맞춤법이나 띄어쓰기가 틀렸더라도
지금 직접 수정하지 않아도 돼요! 툴
바에 있는 첫 번째 버튼, 별 모양의
아이콘을 눌러줍니다.

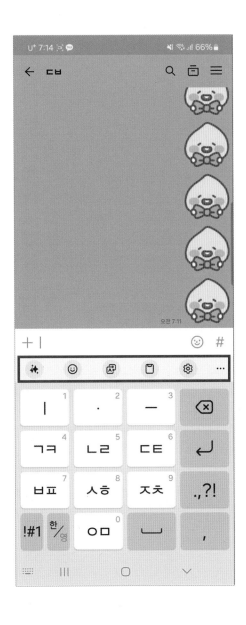

❼

그러면 이렇게 세 가지 버튼이 떠요.
이때 철자 및 문법을 눌러주세요.

❽

입력한 글의 맞춤법과 띄어쓰기가
자동으로 교정이 되어서 뜨는데요,
복사해서 사용할 수도 있고 적용 버
튼을 눌러서 자동으로 수정되도록
할 수 있어요.

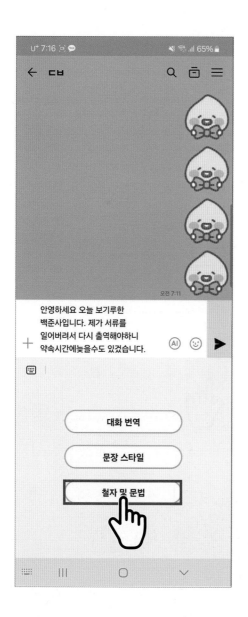

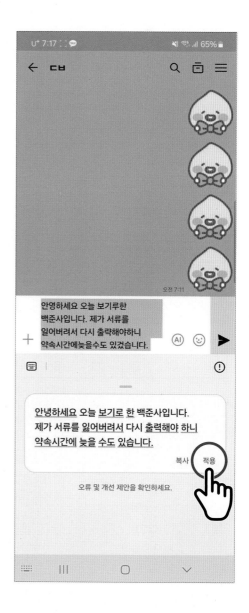

❾

적용 버튼을 눌렀더니 이렇게 내가
입력했던 메시지가 전부 바뀌었습니
다. 이 상태로 보내시면 되겠죠!

5

지식의 바다,
유튜브를
편리하게
검색하는 법

▶

38

유튜브 10초씩 건너뛰기

어머니는 요즘 유튜브에 좋은 강의가 많다는 걸 알게 됐어요.

취미인 사진도 유튜브에서 배우고, 어쩌면 영어도 배울 수 있을 거라 기대했어요.

그런데 여러 사람의 강의를 듣다 보니 내용이 겹치는 부분이 많이 있었어요.

'음… 이 부분은 건너뛰고 싶은데?'

어머니는 유튜브 영상의 아래쪽 빨간 막대 부분에 손가락을 대고 좌우로 조절하며 보고 싶은 내용을 찾으려 했어요.

그런데 자꾸 지나치거나, 앞의 내용이 어떤 건지 몰라 되돌아와야 했어요.

'아휴, 안 되겠다. 그냥 처음부터 봐야지.'

어머니는 아는 내용을 또 보는 게 지겨웠지만 어쩔 수 없다고 생각했어요.

> 어머니 잠깐!
> 동영상을 10초씩
> 건너뛰며 검색할 수 있어요.
> 이렇게 해보세요.

QR 코드를 스마트폰 카메라로 비추어
관련 영상을 시청해 보세요.

❶

영상을 보다가 조금 건너뛰고 싶을 때, 재생바로 옮기면 불편하기도 하고 정확한 시간을 건너뛸 수 없어요.
그때는 화면 오른쪽에 손가락을 대고 두 번 연속으로 톡톡 터치해 주세요.

❷

그러면 10초를 건너뛸 수 있습니다. 뒤로 10초 되돌리고 싶다면 반대로 화면 왼쪽을 두 번 톡톡 터치해주시면 되죠. 10초가 너무 길거나 짧다고 생각하신다면 건너뛰는 시간을 바꿀 수 있어요.

❸

유튜브 오른쪽 밑을 보시면 자신의 프로필 사진이 있을 거에요. 그리고 나라고 적혀 있죠. 이 아이콘을 눌러주세요.

❹

그러면 이런 화면이 보이는데요. 여기에서 오른쪽 위에 있는 **톱니바퀴**를 눌러주세요.

❺
가장 위에 있는 **일반** 메뉴를 누릅니다.

❻
그러면 이렇게 설정창이 뜨는데요, 밑에 보시면 **두 번 탭하여 탐색**이라는 메뉴가 보일 거에요. 여기에서 시간을 바꿀 수 있습니다.

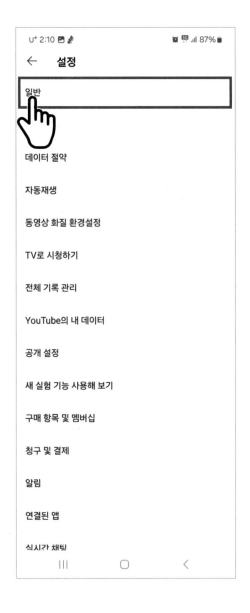

❼

그러면 이런 창이 뜨는데요. 5초부
터 60초까지 선택할 수 있습니다.
60초를 선택하면 두 번 터치했을
때 한 번에 1분씩 재생바가 이동하게
되는 거죠.

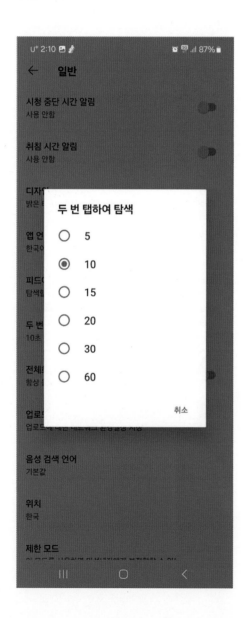

39

정상 속도와 2배속 왔다갔다 해요

"나는 10초씩 건너뛰지 않고 그냥 2배 속도로 봐."

어머니는 친구에게 건너뛰는 법을 알려줬다가 2배 속도로 보는 방법을 들었어요.

지루하거나 반복해서 봐야 하는 동영상을 2배 속도로 보니 참 편했어요.

그런데 2배속으로 보다가 제대로 봐야 할 때는 귀찮았어요.

설정으로 들어가서 다시 정상 속도로 보다가, 또 2배 속도로 바꾸었죠.

어머니는 딸에게 말했어요.

"유튜브는 리모컨 같은 거 없니? 속도를 왔다갔다 하면서 보니까 매우 귀찮구나."

"글쎄… 리모컨 같은 건 없지 않을까?"

어머니는 한숨을 쉬면서 설정에 들어가 정상 속도와 2배 속도를 반복했습니다.

> **어머니 잠깐!**
> 유튜브 리모컨은 아니라도
> 쉽게 왔다갔다 할 방법이
> 있어요. 이렇게 해보세요.

QR 코드를 스마트폰 카메라로 비추어
관련 영상을 시청해 보세요.

❶

영상을 보다가 속도를 올리고 싶을 때 설정에 들어가서 바꾸고, 다시 정상 속도로 바꾸기 무척 번거롭습니다. 그럴 때는 영상을 재생한 상태에서 화면 오른쪽에 손가락을 대고 꾹 눌러주세요.
그러면 2배속이 됩니다. 정상 속도로 돌아가고 싶다면 손가락을 떼주세요

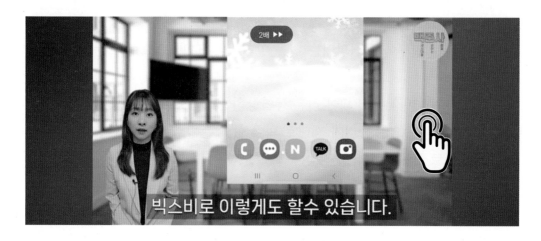

❷

그러면 이렇게 다시 1배속으로 재생이 조절됩니다. 필요할 때마다 손가락을 길게 눌렀다 뗐다 하시면 편하게 배속 재생을 할 수 있습니다.

40

콧노래로 노래를 찾아줘요

어머니는 요즘 흥얼거리는 노래가 있습니다.

젊은 시절 좋아하던 노래였는데 도무지 제목이 생각 나지 않았습니다.

"이 노래 뭐였지? 검색 좀 해볼 수 있나?"

노래를 흥얼거리며 아들에게 들려주었지만 가사라도 알아야 검색할 수 있다고 대답했습니다.

"가사에 '사랑하겠네'라는 게 있었던 것 같은데."

그러자 아들은 그런 노래가 수십 개라며 고개를 저었습니다.

"누가 불렀는지도 기억이 안 나세요?"

"글쎄. 전혀 기억이 안 나네."

어머니는 괴로웠습니다. 한번 입에 붙은 노래는 며칠 동안 입가에 맴돌았습니다.

답답함에 생각나는 노래를 전부 검색해보았지만 찾을 수 없었습니다.

> **어머니 잠깐!**
> 유튜브에 노래를 들려주세요.
> 콧노래 정도만
> 부르실 줄 알면 돼요.

QR 코드를 스마트폰 카메라로 비추어
관련 영상을 시청해 보세요.

❶
유튜브만 있으면 제목과 가사를 몰
라도 **흥얼거리기**로 어떤 노래인지
검색할 수 있어요.
유튜브를 켜고 오른쪽 위에 있는 **돋
보기**를 눌러주세요.

❷
검색창 오른쪽에 있는 **마이크** 모양
을 누르겠습니다.

❸

원래 글자 대신 음성으로 검색하는 기능인데요, 음성 오른쪽을 보시면 노래라는 탭이 있어요. 이걸 눌러주세요.

❹

그러면 이런 화면이 뜹니다. 노래를 틀거나, 부르거나, 흥얼거리라고 적혀 있네요. 저는 한번 멜로디를 흥얼거려 볼게요!

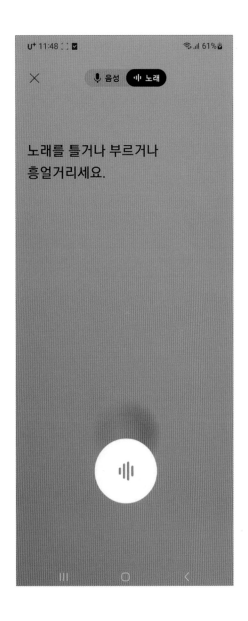

❺

이렇게 **계속하기**가 떠요. 검색이 끝날 때까지 흥얼거려보세요. 정확히 몰라도 생각나는 대로 흥얼거리면 됩니다.

❻

제가 부른 '그녀의 웃음소리뿐'이라는 노래가 나왔네요. 가사도 몰라도 되니 정말 편리한 기능이에요

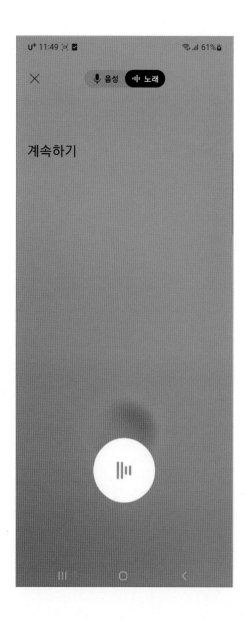

41

내 댓글만 돋보이게 만들어봐요

어머니는 요즘 즐겨 보는 유튜브 채널이 생겼어요.

진행자가 말도 잘하고 원하는 정보를 친절하게 알려줘서 정말 좋아하는 채널이에요.

그래서 간혹 댓글도 달고 있는데, 어쩔 때는 댓글을 읽지 못하는 것 아닌가 하는 걱정을 하기도 해요.

'앗, 저 사람 댓글은 좀 특이하네?'

그러다 어머닌 다른 사람이 쓴 눈에 띄는 댓글을 발견했어요.

그 글은 다른 사람이 단 댓글보다 훨씬 두꺼웠어요.

'돈을 내야 달 수 있는 댓글인가?'

어머니는 특별한 사람만 그런 댓글을 달 수 있는 것 같아서 속이 상했어요.

> **어머니 잠깐!**
> 특별한 기능이 없어도
> 누구나 여러 가지 모양의
> 댓글을 달 수 있어요.

QR 코드를 스마트폰 카메라로 비추어
관련 영상을 시청해 보세요.

댓글을 특별하게 달아 볼게요.
댓글을 달려면 영상 하단을 보시면
되는데요. 댓글 칸이 있죠. 이걸 눌러
주시면 돼요.

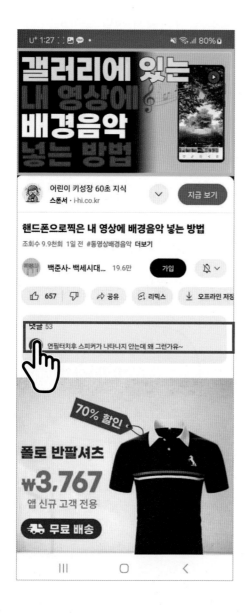

 그러면 댓글 창이 펼쳐집니다. 제가
'화이팅'이라고 적어보았는데요, 이
제 다른 모양으로 적어볼게요.
댓글 추가를 누릅니다.

❸

그러면 입력창이 뜹니다.

❹

두꺼운 글씨로 댓글을 달고 싶으면
내용 양 옆에 *(별표시)를 붙여 주세요.

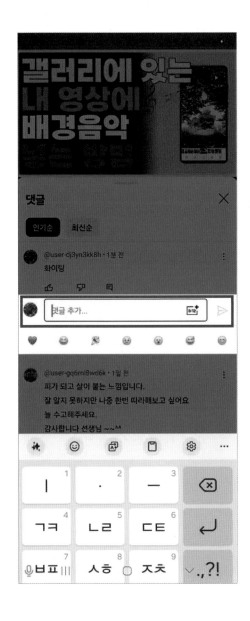

❺

그러면 이렇게 진한 글씨로 댓글이
달립니다.

❻

댓글 양 옆에 -(짧은 선)을 넣어주면,

이렇게 중간에 줄이 그어집니다.

그리고 _(짧은 언더바)를 양 옆에 넣으
시면

❾

이렇게 댓글이 기울어지죠. 좀 더 눈
에 띄게 댓글을 달아야 한다면 사용
해보세요!

42

내가 무얼 봤는지 모르게 해요

"에그머니, 이게 뭐야?"

어머니는 유튜브에 들어갔다가 당황했어요.

얼마전에 딸에게 선물을 해주려고 유튜브에서 여자 속옷을 검색한 적이 있는데, 그것 때문인지 유브창이 온통 여자 속옷뿐이었어요.

그중 보기에도 민망한 썸네일도 많이 있었어요.

'이걸 어쩌지?'

어머니는 혹시라도 남들이 이 창을 볼까 겁이 났어요.

어머니는 그 다음부터 다른 사람들이 볼 때는 스마트폰을 꺼내지 않았어요.

> 어머니 잠깐!
>
> 당황하지 마세요.
> 검색 기록을 지우면
> 모두 처음으로 돌아올 거예요

QR 코드를 스마트폰 카메라로 비추어
관련 영상을 시청해 보세요.

유튜브를 켜 보시면 위에 돋보기 모양이 있죠. 검색을 하는 버튼입니다.

눌러 보면 내가 검색했던 기록들이 쭉 뜹니다.
이걸 삭제하고 싶으면, 지우고 싶은 검색어에 손가락을 대고 길게 꾹 눌러주세요.

❸

그러면 이렇게 검색 기록에서 삭제
하시겠습니까?라는 창이 뜨는데요.
이렇게 하나씩 삭제할 수도 있고요.
한꺼번에 삭제할 수도 있어요.

❹

유튜브 밑을 보시면 가장 오른쪽에
프로필(나)이 있죠. 이걸 눌러주세요.

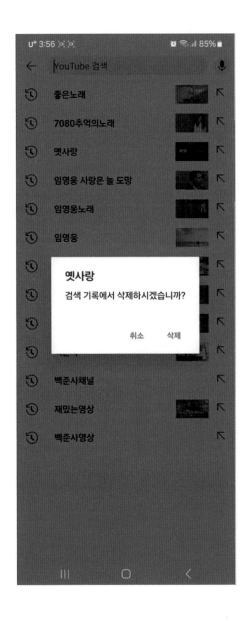

❺

그러면 이런 페이지가 뜰 거에요 여기
에서 기록 - 모두 보기를 눌러주세요

❻

내가 시청했던 영상들이 모두 뜨는
데요, 영상 오른쪽을 보시면 점 세 개
가 보이는데 이걸 눌러볼게요.

❼

이렇게 이 영상을 시청 기록에서 삭제할 수 있네요.
그런데 가장 위쪽에 있는 점 세 개를 누르시면,

❽

이런 창이 드는데요. 전체 기록 관리를 누릅니다

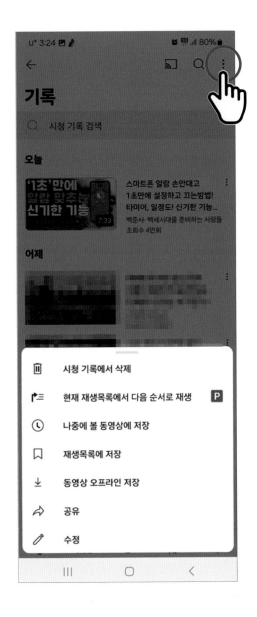

❾

그러면 시청기록과 함께 검색 기록
도 전부 떠요. 오른쪽을 보면 삭제라
는 버튼이 있는데요. 눌러주세요.

❿

오늘 기록을 삭제할 것인지, 특정 기
간 동안의 기록을 삭제할 것인지, 모
든 데이터를 삭제할 것인지 선택할
수 있네요.

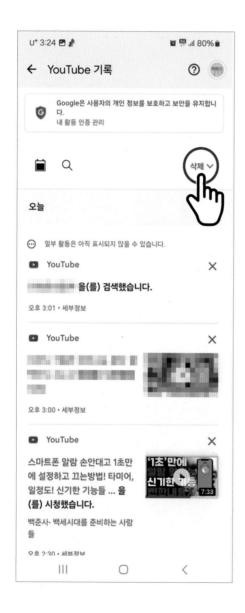

6

진짜진짜 도움되는
스마트폰
추가 팁

43

스마트폰으로 팩스를 보낸다고?

어머니는 최근에 휴대폰을 고쳤습니다. 액정이 파손돼 고치는 데 큰 돈이 들었습니다.

다행히 파손 보험에 가입돼 있어서 서류를 보내면 일부를 돌려받을 수 있습니다.

고객센터에 전화하자 접수하려면 앱을 설치해야 한다는데 어머니는 벌써부터 골치가 아팠습니다.

"다른 방법은 없나요?"

"그럼 팩스로 보내주세요."

그게 차라리 나을 것 같았습니다.

어머니는 팩스번호를 받아 적었습니다.

이제 서류를 보내야 해서 어머니는 아들에게 부탁하려고 전화를 걸었습니다.

하지만 아들은 바쁜지 전화를 받지 않았습니다.

어머니는 할 수 없이 서류를 챙겨 팩스를 보낼 수 있는 곳을 찾으러 집을 나섰습니다.

> **어머니 잠깐!**
> 나가시기 전에 스마트폰으로
> 팩스 보내는 방법부터
> 알아보고 가세요.

QR 코드를 스마트폰 카메라로 비추어
관련 영상을 시청해 보세요.

254

❶

플레이스토어에 들어가서 모바일팩스라고 검색해 주세요.
그리고 사진과 같은 앱을 설치해줍니다. 설치가 끝나면 열어주세요.

❷

처음 설치하셨다면 이런 페이지가 뜨는데요. 앱 사용 중에만 허용을 눌러 주시고 그 뒤로도 허용 창이 뜬다면 전부 허용해주세요.

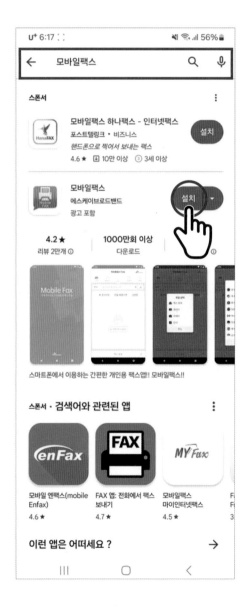

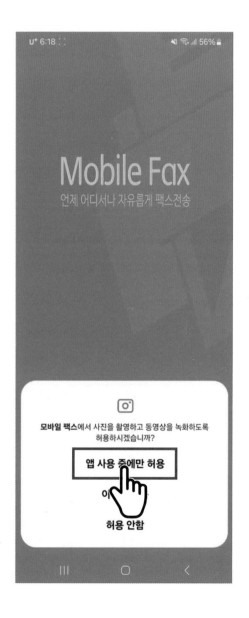

❸

그리고 전체 동의에 체크하신 뒤에
다음을 눌러주세요

❹

이제 모바일 팩스 번호를 만들어야
하는데요. 가운데 신규 가입을 눌러
서 체크해주시고 '다음'버튼을 눌러
주세요.

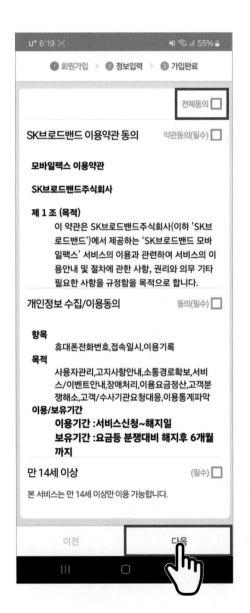

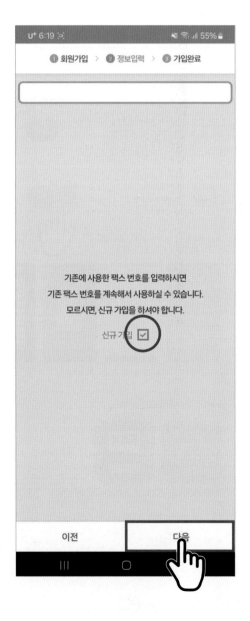

❺

실제로 팩스를 주고받을 수 있는 번
호를 만드는 것이기 때문에 선택한
번호는 잘 기억해주셔야 해요. 목록
중에서 고른 뒤에 다음을 눌러주세
요.

❻

이제 이 번호가 내 팩스 번호에요. 확
인을 눌러주세요.

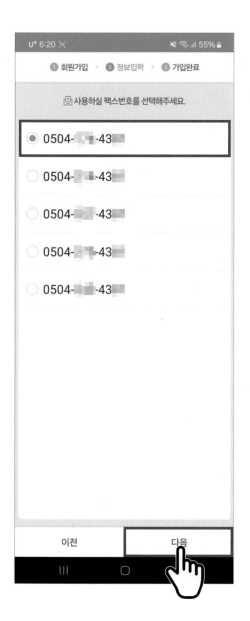

❼

이제 이 페이지에서 팩스를 발송할
수 있습니다.
위의 메뉴 중 팩스 발송이 있죠. 이것
을 선택하고 바로 밑에 수신할 팩스
번호를 적어주세요.

❽

번호를 적은 뒤에 가운데 있는 사진/
문서 첨부를 누릅니다.

❾
카메라를 켜서 바로 문서 등을 찍거
나 갤러리에 저장돼 있는 사진을 전
송할 수 있어요.

❿
저는 이렇게 카메라를 켜서 문서를
찍었어요.

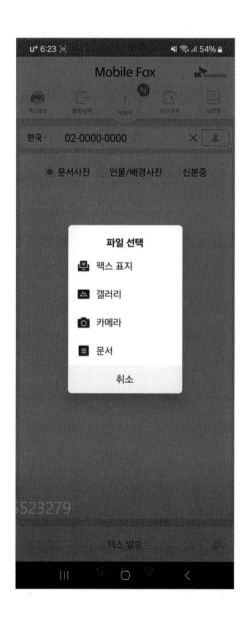

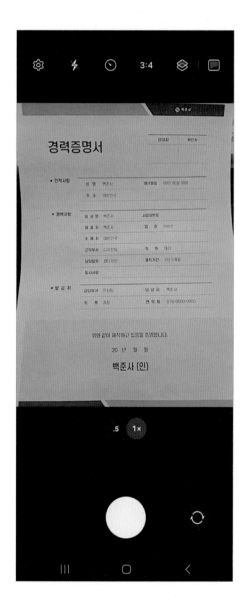

⑪

간단하게 편집할 수도 있어요.
편집을 하면 가운데 밝은 부분만 전
송돼요.
왼쪽 위에 초록색 체크 버튼이 있는
데요. 이걸 눌러주세요.

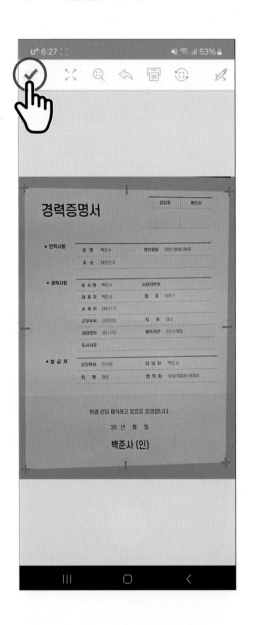

⑫

그럼 전송할 목록으로 들어가고요,
밑에 있는 클립 모양의 아이콘을 누
르시면 여러 개를 한 번에 보낼 수 있
어요.

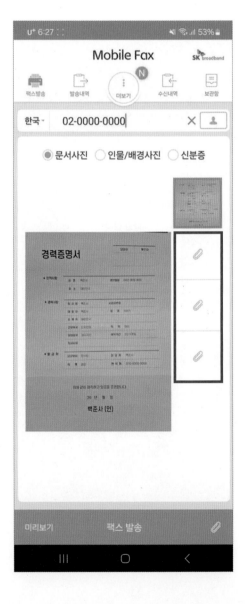

⑬

저는 이렇게 두 사진을 보내보도록
할게요. 밑에 있는 팩스 발송 버튼을
누릅니다.

⑭

이렇게 1페이지 당 1건의 MMS를 발
송한다고 떠요. 비용이 발생하는 건
데요, 통신사마다 조금씩 다르지만 1
건당 100원에서 200원 사이라고 보
시면 되고, MMS 무제한 요금제라면
비용은 발생하지 않아요.

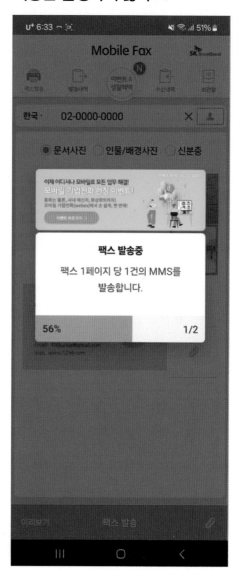

⓯

발송내역을 통해 잘 발송되었는지
확인할 수 있고요, 아까 만든 번호로
팩스를 수신할 수도 있습니다. 그러
면 문서가 이 앱으로 들어옵니다.

44

스마트폰을 소리 내 불러보세요

어머니는 오늘 약속이 있습니다.

하지만 늦잠을 자는 바람에 급히 나갈 준비를 해야 했습니다.

서둘러서 씻고 나오자 약속 시간이 30분밖에 남지 않았습니다.

버스를 타고 가려면 여유 있게 출발해야 하는데 벌써 시간이 촉박해지고 있었습니다.

집 밖을 나서려는데 어머니가 이마를 쳤습니다.

"휴대폰을 놓고 갈 뻔했네."

신었던 신발을 다시 벗고 거실을 뒤졌지만 휴대폰이 보이지 않았습니다.

방에도 들어가보고 화장실에도 들어가보았는데 10분 동안 찾아도 보이지 않았습니다.

시간이 없는 어머니는 땀이 나는 듯 했습니다.

지금 나가지 않으면 약속 시간에 한참 늦게 됩니다.

휴대폰이 없으니 늦는다고 전화도 걸지 못하는 상황이었습니다.

어머니는 할 수 없이 휴대폰 없이 급히 집 밖을 나섰습니다.

> 어머니 잠깐!
> 돌아오세요.
> 스마트폰을 찾을 수 있는
> 간단한 방법이 있어요.

QR 코드를 스마트폰 카메라로 비추어
관련 영상을 시청해 보세요.

❶

스마트폰 잃어버렸을 때 음성으로 찾는 방법이에요. 언제 사용할지 모르니까 미리 설정을 한번 해주세요. 검색창에 빅스비라고 써서 검색해주세요.

❷

그러면 밑에 설정에 빅스비 메뉴가 떠요. 눌러주세요.

❸

그리고 유용한 기능에서 빅스비를
한 번 더 눌러주세요.

❹

이제 음성으로 빅스비를 부를 수 있
는 기능을 켜줄 거예요. 빅스비 호출
을 눌러주세요.

U⁺ 11:57

〈 유용한 기능

실험실

측면 버튼

멀티윈도우

모션 및 제스처

한 손 조작 모드 ⬜

빅스비

천 ⬜

화면 캡처 및 화면 녹화

콘텐츠 공유 시 연락처 표시 ⬜

영상통화 효과 🔵

동영상 밝기
보통

듀얼 메신저
두 번째 계정으로 즐겨 사용하는 소셜 앱에 로그인해 보세요.

다른 기능을 찾고 있나요?

U⁺ 11:57

추천 기능을 사용해 보세요
미디어 재생 중에 호출하기로 이동

〈 ⊘ ⋮

삼성 계정
danbikong@gmail.com

빅스비 호출
빅스

언어 및 스타일

빅스비 피드백

잠금 상태에서 사용 🔵

유용한 기능

온디바이스 모드

호출 없이 말하기

기본 서비스 설정

⑤

사진처럼 활성화해주셔야 해요. 이렇게만 해두면 휴대폰 화면이 꺼져 있는 상태에서도 빅스비가 대답합니다.

⑥

휴대폰이 눈에 보이지 않을 때, "빅스비, 너 어디야?"라고 부르면,

⑦

큰 소리가 울리면서 빅스비가 "여기예요, 여기!"라고 대답해요. 소리도 함께 울리기 때문에 가까이에 있다면 쉽게 찾을 수 있어요.

45

비밀번호 없이 PC에서 카톡 로그인해요

어머니는 간혹 컴퓨터로 유튜브를 보기도 합니다.

큰 화면으로 보는 게 좋을 때가 있거든요.

어머니는 그날도 컴퓨터를 사용하고 있었는데, 친구가 카카오톡으로 말을 걸어왔습니다.

어머니는 컴퓨터를 보다가 스마트폰을 보는 게 까다로웠어요.

친구가 말했습니다.

"컴퓨터로 카카오톡을 할 수도 있다는데?"

"그래?"

어머니는 딸에게 부탁해서 컴퓨터에 카카오톡을 설치했어요.

그런데 로그인을 하려고 하니, 아이디와 비밀번호가 생각나지 않았어요. 스마트폰은 자동으로 로그인이 되니까 잘 몰랐던 거예요.

어머니는 계속 끙끙대다가 스마트폰을 다시 집어 들었어요.

> 어머니 잠깐!
> 복권 당첨 확인했던 것처럼
> QR 코드를 이용하면
> 바로 로그인할 수 있어요.

QR 코드를 스마트폰 카메라로 비추어
관련 영상을 시청해 보세요.

PC로 카카오톡에 로그인해야 할 경우가 있어요. 그런데 비밀번호가 생각이 나지 않아요. 그럴 때 PC 로그인 창에서 QR 코드 로그인이라는 버튼을 클릭해주세요.

❷ 그러면 PC에 이렇게 QR 코드가 뜨는데요, 이걸 카카오톡에 로그인 되어 있는 휴대폰으로 찍어주기만 하면 돼요.

❸

대신 이건 기본 카메라로는 안 돼요.
카카오톡에 있는 QR 카메라를 켜주
세요.
카카오톡 오른쪽 밑을 보시면 더보
기가 있습니다. 이걸 눌러주세요.

❹

가장 위쪽을 보시면 돋보기 오른쪽
에 QR 카메라가 있어요. 이걸 눌러
주세요.

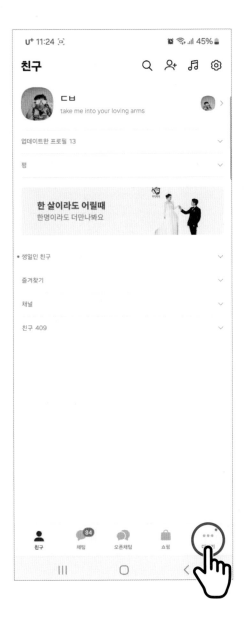

PC에 떠 있는 QR 코드를 비춰 주시
기만 하면 돼요.
그럼 자동으로 인식합니다.

휴대폰에 PC에서 로그인을 시도한
다는 메시지가 뜨는데, 확인을 눌러
주세요.

❼

그러면 이렇게 바로 PC에서 동일한
계정으로 로그인이 됩니다.

46

실제 거리 사진 보면서 길을 찾아요

어머니는 오늘 친구가 사는 동네에 놀러가기로 했어요.

친구가 카페를 알려줘서 거의 다 갔는데 골목길이 많아서 어디가 어디인지 잘 알 수 없었어요.

어머니는 할 수 없이 친구에게 전화를 걸었어요.

"거기 큰 길로 쭉 오면 빵집이 하나 보이는데, 그 빵집을 끼고 돌아서 계속 오면 돼."

어머니는 설명을 듣고서도 자신이 없었어요.

"나 지금 큰 길 앞까지 왔는데 데리러 와주면 안 될까?"

어머니는 할 수 없이 부탁했어요.

"그래, 그럼 할 수 없지. 데리러 갈게."

어머니는 친구가 무릎이 좋지 않다는 걸 알았기에 미안한 마음을 감출 수 없었어요.

> **어머니 잠깐!**
> 실제 거리 모습을 보면서
> 길을 찾으면 아주 쉬워요.

QR 코드를 스마트폰 카메라로 비추어
관련 영상을 시청해 보세요.

❶ 플레이스토어에 들어가서 네이버지
도라고 검색해 주세요.
그리고 설치한 뒤에 열어주세요.

❷ 오른쪽에 있는 종이처럼 생긴 아이
콘을 눌러주세요.

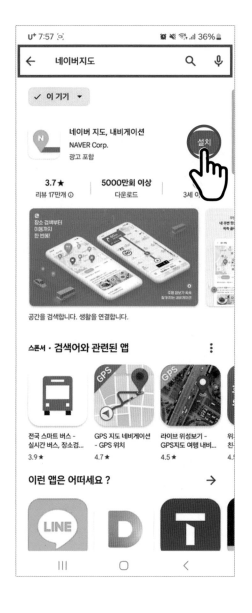

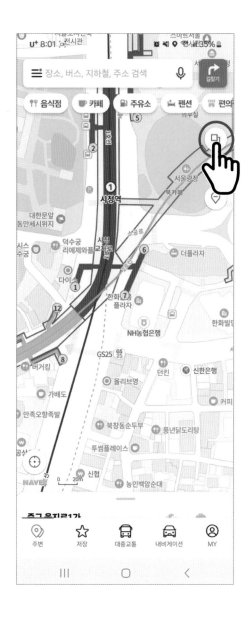

❸

그러면 이렇게 위성지도로 바꿀 수
있어요. 위성을 눌러볼게요.

❹

지도가 이렇게 좀 더 사실적으로 바
뀌죠.
편한 방법으로 보시면 됩니다.
출발지나 목적지를 위에 보이는 검
색창에 검색해줄 거예요.

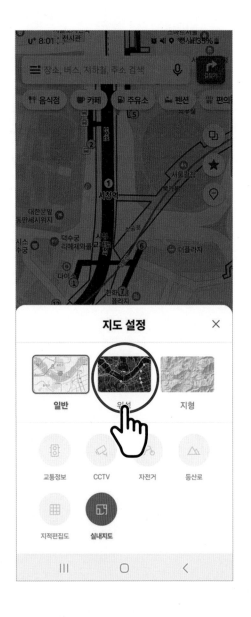

❺

소래포구역을 검색해볼게요.
저는 이곳에서 출발할 거예요.

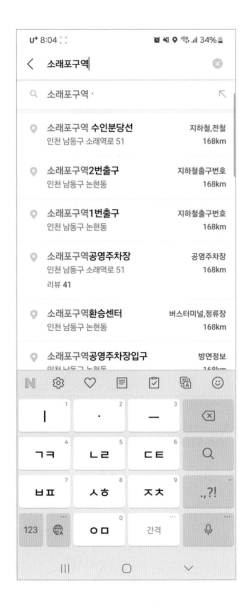

❻

출발을 눌러주세요.

❼

그러면 이렇게 **도착지**도 검색할 수 있고 가는 방법과 소요 시간 등이 표시가 되는데요, **사람 모양**의 아이콘을 누르면 도보로 가는 방법을 알려줍니다.

❽

지도에 길이 표시가 됐는데, 걸어서 15분이 걸린다고 하네요.
따라가기를 눌러주세요.

❾

이렇게 지도와 로드뷰를 동시에 보면서 길을 찾을 수 있어요. 내가 걷고 있는 길과 로드뷰를 비교하면서 따라만 가시면 돼요. 번호도 표시가 돼서 다음엔 어디로 가야 하는지 쉽게 알 수 있죠.

❿

모르는 길도 쉽게 찾을 수 있어요.

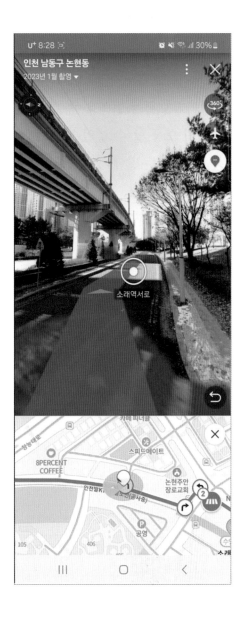

47

외국어 간판도 읽어줘요

어머니는 이번에 딸과 해외여행을 가게 됐어요.

오래간만의 해외여행이라 들뜬 마음을 감출 수 없었죠.

그런데 해외에 나가서 맛있는 음식도 먹고 예쁜 곳도 찾아다니려면 외국어를 조금 공부해야 할 것 같다는 생각이 들었어요.

카카오톡이 번역을 해준다는 건 알았는데, 간판 같은 것은 어떻게 봐야 할지 도통 알 수 없었습니다.

어머니는 딸에게 전화를 걸었습니다.

"딸, 이번에 여행갈 때 가지고 가려고 하니까 사전 좀 사올래?"

그러자 딸이 대답했습니다.

"어머니, 스마트폰이 있잖아요. 그게 다 해줄 테니까 걱정하지 말아요."

어머니는 조금 마음이 놓였습니다. 그런데 어떻게 해야 할까요?

어머니 잠깐!
앱 하나만 설치하면 돼요.
대화하고 읽는 게
모두 가능해요.

QR 코드를 스마트폰 카메라로 비추어
관련 영상을 시청해 보세요.

❶

플레이스토어에 들어가서 파파고라
고 검색해주세요.
그리고 설치한 뒤에 열어주세요.

❷

앱의 메인 화면입니다.
가운데 번역할 내용을 입력하세요라
고 적혀 있는 곳에 내용을 입력해줍
니다. 한국어를 입력하면 영어로 바
뀌도록 설정되어 있는데, 나중에 바
꿀 수 있어요.

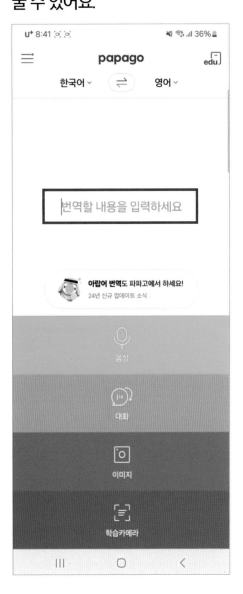

❸

"안녕하세요"라고 적었더니 Hello
라고 나오고요, 음성도 들을 수 있습
니다.

❹

여러 가지 방법으로 번역할 수 있어
요. 메인 화면 가장 위에 있는 음성을
눌러보시면,

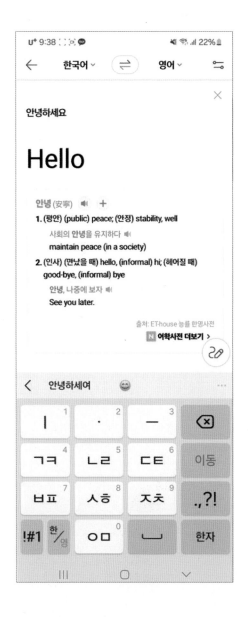

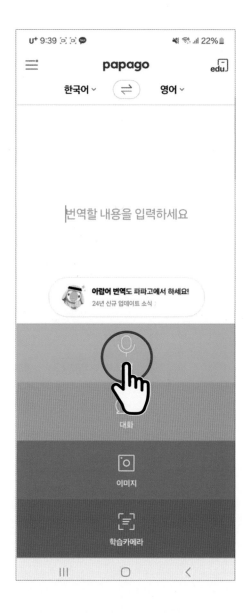

⑤ 마이크를 눌러서 음성으로도 번역이
가능하죠

⑥ 메인화면의 대화를 누르시면 이렇게
대화할 때 실시간으로 번역 기능을
사용할 수 있습니다.

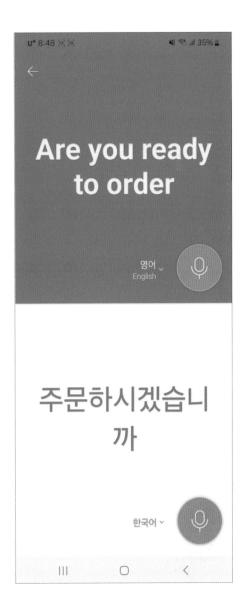

❼

이미지도 번역할 수 있어요. 예를 들어 외국어로 된 메뉴판이 있다면 메인화면의 **이미지**를 눌러서 카메라로 찍거나 비추면 돼요.

❽

화면에 보이는 외국어가 번역됩니다. 다른 언어로 바꾸고 싶다면 이렇게 **언어**를 눌러보세요.

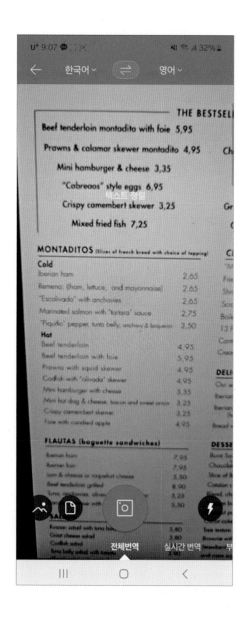

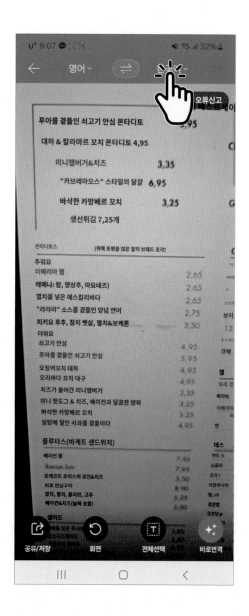

❾

여러 언어로 바꿔서 번역할 수 있습
니다.

48

모르는 한자를 찾아봐요

어머니가 오래간에 집에서 쉬고 있는데 손자와 딸이 놀러왔습니다.

손자가 귀엽기는 하지만 잠시도 가만히 있지 못하는 성격이라 오늘 하루도 피곤하겠다는 생각이 들었습니다.

아니나 다를까 손자는 집 여기 저기를 돌아다니며 이것 저것 물건들을 만지기 시작했습니다.

그러더니 어디선가 오래된 신문을 찾아왔습니다. 한문이 많이 섞여 있는 옛날 신문이었습니다.

"엄마, 이건 무슨 글자야?"

"글쎄, 나도 잘 모르겠는걸? 할머니한테 물어봐. 할머니가 한자는 많이 알 거야."

손자가 어머니에게 신문을 가져 왔습니다.

어머니가 보기에도 잘 모르는 한자였습니다. 하지만 걱정이 없습니다. 어머니에게는 스마트폰이 있으니까요.

그런데 어머니는 당황했습니다. 스마트폰에서 한자를 찾아보려 하는데 어떻게 입력해야 하는지 도통 알 수가 없습니다.

손자는 그저 멀뚱히 쳐다보고 있었습니다.

> **어머니 잠깐!**
> 입력하지 않고,
> 사진만 찍어도 한자를
> 찾을 수 있어요.

QR 코드를 스마트폰 카메라로 비추어
관련 영상을 시청해 보세요.

❶
플레이스토어에 들어가서 네이버사전이라고 검색해주세요.
그리고 설치한 뒤에 열어주세요.

❷
그러면 여러 사전을 선택할 수 있는데요. 한자사전을 선택해주시면 메인 페이지에서 한자사전을 바로 볼 수 있습니다.

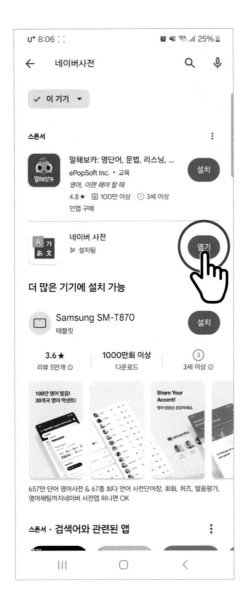

❸
검색창에다 검색하셔도 되고요, 밑에 있는 **첫 번째 버튼**을 누르시면 직접 손으로 써서 검색할 수도 있어요.

❹
알고 싶은 한자를 손으로 적으면 위에 작은 바가 뜨는데 여기에서 맞는 한자를 골라서 선택하시면 돼요.

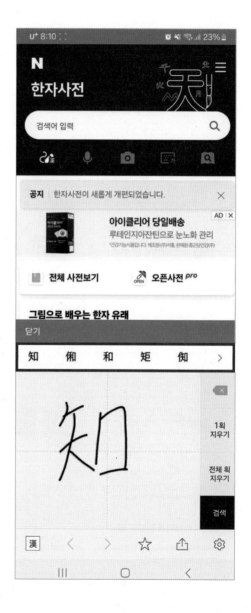

❺
위에 내가 검색한 한자가 무슨 뜻인
지 뜨네요.
그리고 검색창 밑에 있는 **마이크**를 누
르면 음성으로도 검색할 수 있어요

❻
이런 화면이 뜨면 마이크를 누른 상
태로 말씀하시면 되죠. 저는 "지식"
이라고 말해봤어요

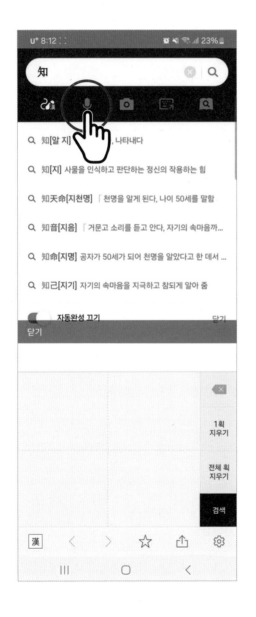

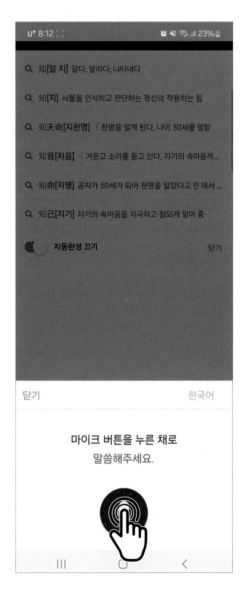

❼
그러니까 한자와 뜻이 함께 뜹니다. 마이크 오른쪽에 있는 **카메라**를 누르면, 그리거나 말하지 않아도 보이는 한자를 검색할 수 있습니다.

❽
바로 카메라가 켜지기 때문에 간판이나 신문 등의 한자를 찍어주시면 됩니다.

❾

뜻을 알고 싶은 한자를 손가락으로 문질러주면 사진처럼 그 부분만 밝아져요.

❿

이렇게 뜻을 잘 알려주네요.

49

스마트폰에 있는 사진을 옮겨요

사진 찍기를 좋아하는 어머니는 요즘 곤란에 빠져 있습니다.

스마트폰 용량이 꽉 차 버린 것이죠.

쓸데없는 사진을 지우고 또 지워도 곧 용량은 가득 차고 말았습니다.

어머니는 딸에게 어렵게 말을 꺼냈습니다.

"내 스마트폰 용량이 꽉 차서 좀 더 큰 폰으로 바꿔야 할 것 같구나."

"얼마 전에 바꿨잖아요. 1년도 안 된 것 같은데요."

어머니는 할 말이 없어졌습니다. 그리고 보니 아직 약정도 끝나지 않은 것 같습니다.

어머니는 할 수 없이 아까운 사진들을 지워야겠다고 생각했습니다.

> **어머니 잠깐!**
> 사진을 아직 지우지 마세요.
> 컴퓨터로 옮겨두면
> 나중에 다시 볼 수 있어요.

QR 코드를 스마트폰 카메라로 비추어
관련 영상을 시청해 보세요.

❶ 충전케이블을 휴대폰에 꽂고 USB 부분은 컴퓨터 본체에 꽂아 줄 거예요.

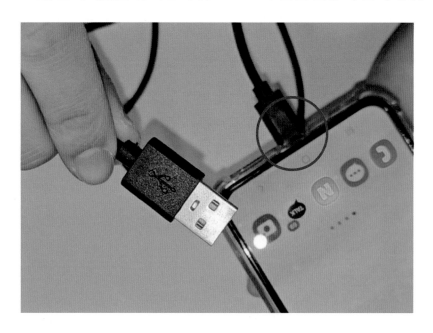

❷ 컴퓨터 본체나 노트북에 USB를 연결합니다.

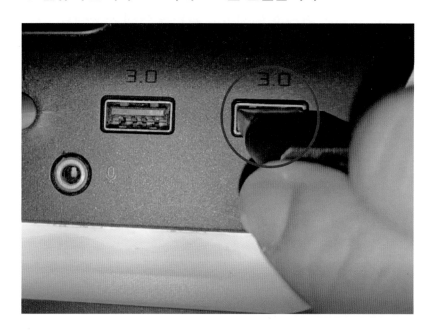

❸ 그러면 PC에서 이렇게 휴대폰 폴더가 생기는데요, 내장 저장공간이 생겼죠.? 이게 안 보인다면 내 PC에 들어가셔서 왼쪽의 내 휴대폰 이름을 클릭하면 돼요

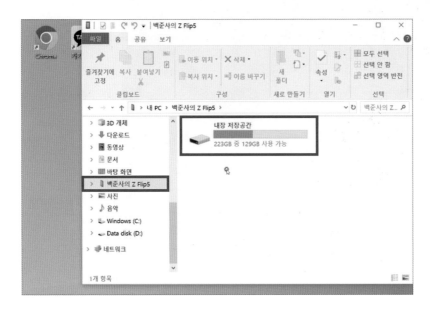

❹ 내장 저장공간을 클릭하면 이렇게 내 휴대폰 안의 폴더가 떠야 하는데, 만약 아무것도 안 뜬다면 휴대폰 잠금을 해제하고 화면을 잠시 켜주세요. 그래야 PC와 연결이 됩니다.

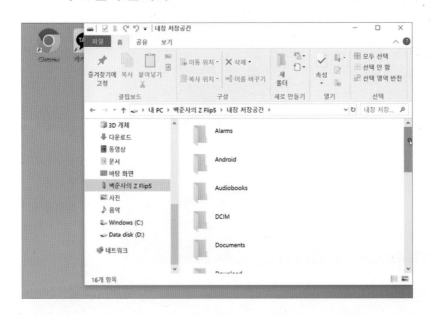

❺ 내 휴대폰에 있는 사진은 DCIM 폴더로 들어가요. 사진처럼 이 폴더를 찾아서 더블클릭 해주세요.

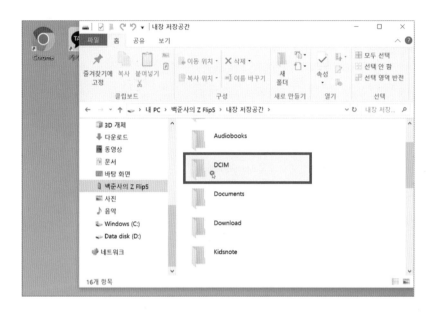

❻ 내장 저장공간을 누르면 이렇게 내 휴대폰 안의 폴더가 떠야 하는데, 내 휴대폰 카메라로 직접 찍은 사진이라면 Camera 폴더로 들어갑니다.
더블클릭해서 들어가볼게요.

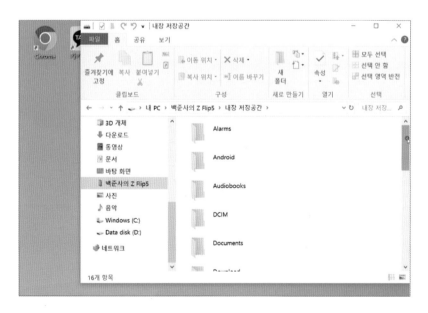

❼ 그러면 이렇게 사진들이 쭉 떠요. 이 중에서 PC로 옮기고 싶은 사진을 마우스로 클릭한 다음 손가락을 떼지 않은 상태로 PC 바탕화면 쪽으로 옮겨서 떨어뜨려 놓는 거예요.

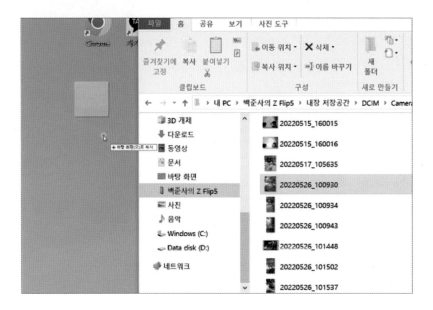

❽ 그러면 바탕화면에 사진이 복사돼 들어갑니다

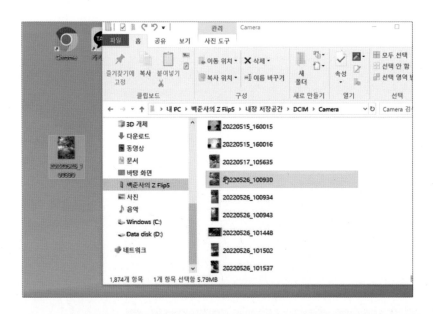

❾ 여러 개를 한 번에 옮기고 싶다면 이렇게 빈 공간에서 클릭한 채로 쭉 사진을 감싸면서 움직이면(드래그) 한 번에 선택돼요.

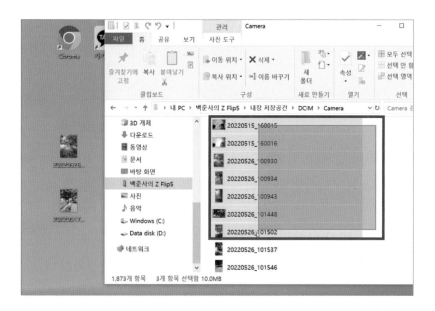

❿ 그 다음에 마찬가지로 클릭한 다음 손가락을 떼지 않은 상태로 PC 바탕화면 쪽으로 옮겨서 떨어뜨려 놓는 거예요. 이러면 휴대폰 안에 있던 사진은 그대로 있는 상태로 PC에 똑같은 사진들이 옮겨집니다.

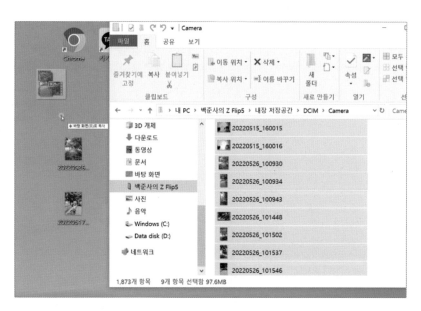

50

무료 와이파이 사용하세요

– 고객님의 데이터 100%를 사용했습니다.

어머니는 길을 가다가 문자를 받았습니다.

얼마 전에 깜박하고 와이파이를 연결하지 않고 유튜브를 몇 개 본 게 문제인 듯했습니다.

'어쩌나…. 이번 달도 많이 남았는데….'

어머니는 버스를 기다리며 틈틈이 보던 유튜브도 못 본다고 생각하니 괜히 답답해 왔습니다.

통신사에 전화해서 조금 비싸지만 데이터 용량을 더 큰 요금제로 바꿔 달라고 말해야겠다고 생각했습니다.

> **어머니 잠깐!**
> 지금 잠깐 사용하실 거라면
> 요금을 더 내실 필요없어요.
> 무료로 사용하는 와이파이가 있어요.

QR 코드를 스마트폰 카메라로 비추어
관련 영상을 시청해 보세요.

❶
알림창을 내려보시면 첫 번째에 와
이파이 모양의 버튼이 있습니다.
이걸 손가락으로 길게 꾹 눌러주세요

❷
그러면 이런 창이 뜨는데요. 여기에
있는 상세설정을 눌러주세요.

❸
그리고 사용 안 함이 되어 있는 와이
파이를 터치해서 사용함으로 활성화
합니다.

❹
이제 연결할 수 있는 와이파이를 자
동으로 검색하게 돼요.

❺

근처에 공공 와이파이가 있다면 이렇게 퍼블릭 와이파이 프리라는 게 뜨는데요, 이걸 눌러서 연결합니다.

❻

무료이고 공공 와이파이라서 비밀번호는 없는데 대신 보안에 취약하다는 점은 참고해서 사용하셔야 해요.

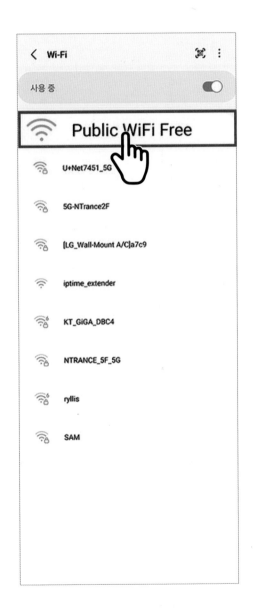

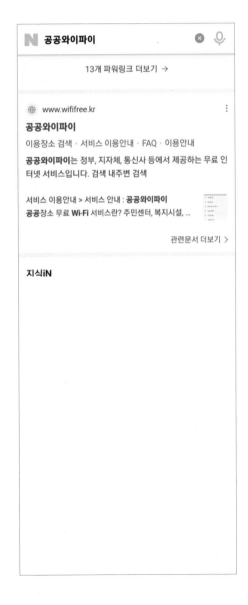

❼

모든 곳에서 사용 가능한 것은 아니고, 공공 와이파이가 설치된 곳에서만 가능하기 때문에 홈페이지에서 사용 가능 여부를 확인해보면 좋아요.

❽

홈페이지에서 장소를 검색해줍니다.

❾

이렇게 공공 와이파이를 사용할 수
있는 곳이 지도에 표시돼요. 와이파
이가 필요할 때 공공 와이파이가 있
는지 확인해보세요!

(AP분실)다문화지원센터-3F

(AP분실)중앙경로당-1F중앙경로당

(AP분실)테미오래-빛과만남의집

(AP철거)가양비래공원-약수터앞가로등1(전기공사필요)

(AP철거)가양비래공원-약수터앞가로등2(전기공사필요)

에이, 내가 무슨…

지금까지 삶의 질을 높이는 50가지 스마트폰 사용법을 배웠습니다.

답답해하던 문제가 해결되니 앞으로는 좀 더 편하게 스마트폰을 사용할 수 있을 것입니다.

그뿐만이 아니에요.

거기에 더해 이제 '배울 수 있다'는 자신감이 생기셨을 거예요.

한번 해보니 별로 어렵지 않죠?

이전에 '에이, 내가 무슨…'이라며 피했던 일들도 이제 도전할 수 있을 거예요.

제가 운영하는 백준사는 '백세시대를 준비하는 사람들'의 줄임말입니다.

백세시대는 어떻게 보면 현재의 일에서 은퇴하고 두 번째 삶을 시작해야 한다는 의미와 같습니다.

지금까지 일한 시간보다 더 오랜 시간이 남아 있을 수도 있어요.

그런데 세상은 점점 디지털로 전환돼 갑니다. 이럴 때 '에이, 내가 무슨…'이라며 배우려는 노력을 하지 않는다면, 삶이 외로워질 수도 있어요.

그런데 독자 여러분은 이 책을 통해 배울 수 있다는 자신감을 갖췄기 때문에 염려 없습니다.

앞으로도 새로운 정보를 습득하고 익히며 즐거운 생활을 누리시길 바라겠습니다.

아울러 저희 백준사 채널에서 계속 좋은 정보 알려드리겠으니, 방문해보시는 것도 잊지 마세요.

공단비(백준사 운영자) 드림